1781

Ingeborg Hecht

VON DER HEILSAMKEIT DES ERINNERNS

Opfer der Nürnberger Gesetze begegnen sich

Mit einem Vorwort von
Heinz Knobloch

Hoffmann und Campe

CIP-Titelaufnahme der Deutschen Bibliothek

Hecht, Ingeborg:
Von der Heilsamkeit des Erinnerns:
Opfer der Nürnberger Gesetze begegnen sich / Ingeborg Hecht.
Mit einem Vorw. von Heinz Knobloch.
– 1. Aufl. – Hamburg: Hoffmann und Campe, 1991
ISBN 3-455-08391-9

Schutzumschlag: Werner Rebhuhn unter Verwendung eines Fotos der Hamburger Binnenalster von Klaus Bossemeyer / Bilderberg.
Satz: Dörlemann Satz GmbH, Lemförde
Druck und Bindung: Freiburger Graphische Betriebe,
Freiburg i. Br.
Printed in Germany

Meinen Freunden vom Jakobus-Theater
in Karlsruhe

INHALT

ZUM GELEIT

Das Buch, das Sie erwartet, ist vermutlich anders, als Sie es erwarten. Es offenbart sich erst nach und nach. Wie ein Mensch. Wie der Mensch, der es geschrieben hat.
Es beginnt in der Großen Hamburger Straße in Berlin, die wegen der Deportationen zu einem Begriff in der jüdischen Geschichte geworden ist. Eine kleine, unscheinbare, nur vierzig Hausnummern zählende Straße, die außer dem von der Geheimen Staatspolizei vernichteten jüdischen Friedhof einige, vom zufälligen Spaziergänger nicht gleich bemerkte Eigenarten bietet: die evangelische Sophienkirche mit ihrem Friedhof, und das katholische St.-Hedwigs-Krankenhaus, das schon vor über hundert Jahren Kranke aller Konfessionen aufnahm, ebenso wie das angrenzende (nicht mehr vorhandene) jüdische Krankenhaus. So kam es, daß die Große Hamburger Straße zu Anfang unseres Jahrhunderts zu ihrem nie als Straßenschild, sondern vom Volksmund geprägten Namen kam: Toleranzstraße. Eine Toleranzstraße ist das Buch von Ingeborg Hecht.
Verfolgung und Krieg überlebend, nach dem Schrecken durch eine Phobie jahrzehntelang an ihre Wohnung gefesselt, wird diese Frau geheilt. Das hat sie, ohne es zu ahnen, selbst verursacht durch ihr Buch *Als unsichtbare Mauern wuchsen.* Nun muß sie daraus vorlesen!
So kommt es nach und nach zur Heilung. Aber die wurde erst möglich durch andere Menschen, die Ingeborg Hecht beistehen. Im besten und echten Sinne dieses Wortes bei ihr stehen

und sie halten. Daraus entstand dieses Buch. Es ist eine eigenartige, wohl einmalige Mischung aus Tag und Nacht, aus Erinnerung, Erlebnis, Leserbriefen, Lebenszeichen, Äußerungen von Schicksalsgenossen – wer muß, möge diese Einheit aus Details zerlegen ... Wir anderen beteiligen uns. An der Begegnung mit der alten Schule in Hamburg. Und ihrer Turnhalle ... Der Anblick des Verlagshauses, das einen Heinrich Heine druckte ... Und so weiter. Von Lesungen, vom Herzklopfen. Von der zu erwartenden innerlichen (daher weit schlimmeren) Niederlage vor einem jungen Publikum, das sich für ganz andere Dinge interessiert als solche alten Leute am Vormittag. Doch beim Verlassen der Aula bleibt ein Schüler bei Ingeborg Hecht stehen und sagt: »Machen Sie weiter.« So ist das immer. Ein paar Augen, hellwach. Für die wird vorgelesen und erzählt. Und einige Sätze bleiben haften.

Wohl ihr, daß sie sich all das von der Seele schreiben konnte. Die Schrecken, den Verlust des Vaters auf solchem Wege, der nach Theresienstadt ins Konzentrationslager führte, das sie mit unglaublicher Kraft besucht – und wieder mit Menschen, Mitmenschen, die beim Genesen helfen und ihr in ihrem zweiten Leben zur Seite stehen.

Immer mehr von ihnen erscheinen. Hilfreich und gut. Und wer je in Freiburg den Kreis ihrer Freunde erlebte, der beneidet sie. Und freut sich, aus Berliner Ferne wenigstens gelegentlich brieflich dabeizusein. Ihre Freunde und Ingeborg Hecht verbreiten die Menschlichkeit, für die wir eigentlich leben (sollen).

Berlin, im Oktober 1990 *Heinz Knobloch*

SIND DIE MAUERN WIRKLICH GEFALLEN ?

Als ich im Sommer 1989 beschlossen habe, über die Reaktionen auf mein Buch *Als unsichtbare Mauern wuchsen* zu schreiben, war auch der folgerichtige Titel geboren:

ALS UNSICHTBARE MAUERN FIELEN.

Dann kam die deutsche Geschichte, es fielen sichtbare Mauern. Kurz darauf schrieb ein damaliger SED-Funktionär sein Buch und wählte einen Titel, in dem »fallende Mauern« vorkommen. An mir war es nun, einen neuen zu suchen und zu finden (ein schwieriges Unterfangen). Doch wenigstens in der Korrespondenz mit meiner Freundin Ursula in Havertown, USA, lebt mein Wunschtitel weiter.

SIND DIE MAUERN WIRKLICH GEFALLEN?

». . . seit Deiner Nachricht, daß Du ein zweites Buch schreiben möchtest über ›unser‹ Thema, nämlich: ›Als unsichtbare Mauern *fielen*‹, rasen die Gedanken nur so durch meinen Kopf. Denn ich glaube, die Mauern, ich muß es leider sagen, werden nie mehr fallen . . . Neulich sprach ich mit einer sehr netten Nachbarin, sie ist italienischer Herkunft. Ihr Mann ist Deutscher, wir leben hier schon lange in freundlicher Nachbarschaft, haben uns aber erst jetzt richtig kennengelernt. Sie waren neulich bei uns, und wir sahen uns Fotos an. Sie sah auch die Einladung vom Hamburger Senat zur Jüdischen Begegnungswoche. Sie sagte: ›Du hast mir ja gar nicht gesagt, daß Du Jüdin bist.‹

Ich sagte: ›Ich gehe ja nicht herum und stelle mich vor als *Ursula G., Jüdin*‹. – Ich sage Dir, es ist eine verrückte Welt, und der Antisemitismus existiert ...«

Ich habe ihr, die 1940 emigriert ist, auf diesen Brief vom August 1989 geantwortet:

»... Mein Thema war niemals der Antisemitismus – wenn, dann nur indirekt. Meine ›Mauern‹ sind die der ›Nürnberger Gesetze‹, der Gesetze des Staatsterrorismus. Und diese Mauern existieren nicht mehr. Ich muß über die vielen Menschen schreiben, die sich darum bemühen, die unsichtbaren Mauern jener ›Gesetze‹ nun *sichtbar* vor Augen zu haben, um ihre Absurdität zu erkennen. Du warst doch im vergangenen Jahr dabei, als ich an Schulen gelesen habe, in Buchhandlungen, an Volkshochschulen.

Du warst Zeugin der ehrlichen Betroffenheit unserer Zuhörer. Diese Zuhörer, zumal die jungen, haben es mit unserer Vergangenheit nicht leicht. Für mich und für viele Zeitzeugen, die unterwegs sind, ist da eine Generation von *Lehrern* unendlich wichtig. Indem sie uns erzählen lassen, helfen sie, einen Schutzwall aufzubauen gegen neue Anfänge. Sie geben uns die Möglichkeit, die Vergangenheit erkennbarer zu machen, als es Bücher, Berichte und Statistiken vermögen. Sie wissen, daß wir, die wir das Tausendjährige Reich selbst erlebt und erlitten haben, nicht mehr lange da sein werden.

Die Schüler hören uns zu. Eines Tages wird es als Mittler nur noch die Lehrer geben, und aus ihren Schülern werden wieder Lehrer, die sich an unsere Berichte erinnern ...

Und so habe ich mir gewünscht zu erzählen, wie sich mir dieses stetige Fallen der unsichtbaren Mauern dargestellt hat.

Das erste Buch *mußte* ich schreiben.

Das jetzige *wollte* ich schreiben.«

DIE GROSSE HAMBURGER STRASSE

Berlin 1988. Es sind die Brielower Freunde gewesen, die mich behutsam gefragt haben, ob ich jetzt, nach fünfzig Jahren, noch einmal hierhergehen möchte.

Ein breiter Eingang führt in die kleine Grünanlage. Hier war früher ein jüdischer Friedhof. Hier war auch das jüdische Altersheim, in dem ich meine Tante Alice besucht hatte, vor der »Reichskristallnacht«, an jenem 9. November 1938.

Jetzt stehen wir vor dem Mahnmal: eine Figurengruppe aus grauschimmernder Bronze. Zwölf Gestalten, mager, aufrecht, furchtbar allein, mit hoffnungslosen Zügen.*

Im brandenburgischen Brielow gedeihen Tulpen.

Ich legte rote Tulpen vor den grauen Gestalten nieder. An den wenigen in die Mauern eingelassenen Grabsteinen fand ich verwelkte Blumen. Es war gut zu wissen, daß offenbar immer mal jemand herkommt.

Dann gingen wir zum berühmtesten der einstigen Gräber, zu dem von Moses Mendelssohn. Wir kamen mit Besuchern ins Gespräch.

»Kennen Sie das Buch von Heinz Knobloch: *Herr Moses in Berlin*?«

Ich kannte es nicht. In Freiburg las ich dann die Geschichte des Herrn Moses, der mit vierzehn Jahren, 1743, nach Berlin gekommen war. Knoblochs Buch über diesen Freund von Lessing, den frommen Juden und Philosophen, den Initiator

* Das Mahnmal gestaltete Will Lammert 1985.

der Judenemanzipation in Deutschland, beginnt an jenem Platz, an dem ich die Tulpen niedergelegt hatte:
»Mißtraut den Grünanlagen ... Das Gelände in der Großen Hamburger Straße, das unsere Arglosigkeit für einen kleinen Stadtpark hielt, ist der älteste jüdische Friedhof, den Berlin vorzuzeigen hätte. Die Geheime Staatspolizei ließ ihn, so gut sie konnte, von der Erdoberfläche verschwinden ... An einem besonders schattigen Teil ... sind uralte Grabsteine in die Mauer eingelassen. Sie stehen hier und sind mindestens zweihundert Jahre alt. Schulter an Schulter, eng und unantastbar – ja, wie Fußballer stehen sie vor dem Freistoß auf ihr Tor; solche Abwehr wird ebenfalls *Mauer* genannt. Nur so konnten die Grabsteine, deren hebräische Inschriften wir nicht lesen können, sogar der Geheimen Staatspolizei standhalten.«
In diesem »kleinen Stadtpark« in der Großen Hamburger Straße stand ich nun mit meinen Erinnerungen an jenen Nachmittag, an dem ich die alten Leute schweigend und apathisch hatte auf und ab gehen sehen. Hier hatte die Gestapo 1943 einen Splittergraben gezogen, ihn mit alten Grabsteinen absteifen lassen – vielleicht mit den eingemeißelten segnenden Händen des Priesters? Oder mit dem Symbol des Schmetterlings als »Flüchtigkeit des Lebens«? – und die Gebeine der Toten hinauswerfen lassen. Ich habe damals nicht gewußt, daß hier eine Sammelstelle eingerichtet würde für die Deportationen; daß der Vater, die Tante und viele Menschen jüdischer Herkunft, um die 50000, hier die letzten Schritte auf deutschem Boden machen sollten, bevor man sie zu den Waggons trieb, die nach Osten fuhren.
»Mißtraut den Grünanlagen ...«

DIE REISE NACH HAMBURG – ROLLING HOME

Von 1951 an hinderte mich eine schwere Phobie daran, meine Wohnung zu verlassen. Ich spreche von dieser Krankheit allein wegen des Zusammenhangs, in welchem sie mich wieder losgelassen hat, nach so langer Zeit:
Als 1983 die Druckfahnen meines Buches *Als unsichtbare Mauern wuchsen* bei mir eintrafen, las eine Freiburger Freundin mit Korrektur, Margot S. »Wir müssen, wenn das Buch vorgestellt wird, nach Hamburg«, sagte sie.
»Nach Hamburg? Ich kann ja nicht mal nach Breisach ohne Angstanfälle. Nach Hamburg!«
Dort saß im Pressebüro des Verlages Hoffmann und Campe ein höchst dynamisch agierender und immer etwas hektisch klingender Repräsentant, Wolf Brümmel.
»Wenn Sie kommen, geben wir zur Präsentation einen Empfang«, sagte er. »Wir laden nicht nur Presse und Rundfunk ein, sondern auch alle erreichbaren Personen, die im Buch vorkommen. Wir laden auch gern Ihre Freiburger Freunde ein. Finden Sie das nicht gut?«
Ich fand es sogar sehr gut. Aber:
»Steht nicht zur Debatte«, mußte ich sagen. Und – darin hatte ich eine dreißigjährige Übung! – ich vergaß das wunderbare Ansinnen wieder.
Mein kleines Radio steht am Bett; ich liebe Einschlafmusik. Irgendwann mal im Dezember erklang in so einem Augenblick ein Schifferklavier. Heinz Reincke sang in »meinem« Hamburg Seemannslieder. Ich bekam Sehnsucht.

Wolf Brümmel ließ nicht nach. Seine Stimme wurde immer suggestiver. Margot hatte als Krankengymnastin eine eigene Praxis und besaß einen VW-Bus:

»Ich kann ein paar Tage weg. In meinem Bus müßtest du es eigentlich schaffen. Wir haben eine Liegestatt wie im Grandhotel, wir haben einen eigenen Herd. Der Bus wird dein Zuhause sein, und wenn du Angst kriegst, machst du einfach die Augen zu. Daß sich dein Zuhause ein wenig bewegt, geht dich nichts an. Und wenn wir in einen Stau geraten, kochen wir Tee. Oder singen.«

Einen Stau kannte ich nur aus den Straßenzustandsberichten. Es kam wieder so eine Nacht, in der der NDR das Programm bestritt, mit maritimen Fernweh-Songs. »Junge, komm bald wieder . . .« Und als tags darauf mein Betreuer mit der suggestiven Stimme anrief, sagte ich:

»Ich will kommen.«

»Willkommen«, sagte Wolf Brümmel, »dann läuft der Countdown.«

* * *

Bei Herder in Freiburg arbeitete im Tochterverlag Kerle als Lektor José Barth. An manchem Abend beim Markgräfler Wein hat er die zögernd entstehenden Kapitel der *Unsichtbaren Mauern* mitgelesen und immer wieder meine absinkende Zuversicht zum »ins Blaue« und vielleicht doch nur für die Schublade und für die Enkel geschriebenen Manuskript gestärkt. Denn zu der Zeit hatte man hierzulande noch seine Schwierigkeit mit unserer Vergangenheit. Nun, so fand ich, sollte auch José dabeisein.

An jenem 14. Februar 1984 habe ich nach dreiunddreißig Jahren zum ersten Mal für eine Strecke, die länger war als dreißig Kilometer, mein schützendes Refugium verlassen. Gegen irreale Ängste kann man sich nur schwer wehren.

Und gegen reale?
Während wir vorbei an Weinbergen, Wiesen und Feldern zur A 5 fuhren, begann ich ein merkwürdiges Selbstgespräch zu führen:
Der Vater, sagte ich, hat die Fahrt nach Auschwitz ertragen müssen; ob sich *die* Angst überhaupt beschreiben, nachvollziehen läßt? Und du, du kommst nach Hamburg, dorthin, wo man sich auf dich freut. Wo man ein Fest vorbereitet . . .
Ich saß neben meiner gutgelaunten Freundin. Hinter uns José, der uns mit einer wunderbaren Eigenschaft bekannt machte: Er konnte herrlich pfeifen. Klassik. Wollte er mit der »Kleinen Nachtmusik« am frühen Morgen meine aufkommende Angst wegpfeifen?
Als wir Freiburgs schützende Mauern verließen, begannen meine Beine zu zittern. Das konnte ja heiter werden: Achthundert Kilometer in solchem Zustand? Auch meine Mundharmonika lag griffbereit. Wenn es schlimmer würde mit der Angst, würde ich spielen. Das Kind im dunklen Wald. Rolling home . . .

* * *

Die Autobahn kannte ich nur auf der Strecke zwischen Freiburg und Müllheim. Man hatte mir diese Fernstraße immer als eine Art Inferno geschildert. Nachts, wenn sich im Radio der Verkehrsfunk einschaltete – »Stockender Verkehr, Stau, Nebel mit Sichtweite unter fünfzig Meter« –, fand ich es beruhigend, daß es so gefährliche Begriffe in meiner Welt nicht gab. Und nun? Die Wälder, die Wiesen, die Bergrücken flogen hinter freundlichen Grünflächen vorüber; ich hatte nichts gewußt von den schönen Talbrücken . . .
»Das liegt auch am Bus«, sagte Margot, »wir thronen sozusagen über allem.«
Und José pfiff Herrn Mozarts Posthornserenade.

Es kam der Moment, in dem ich merkte, daß ich nicht mehr zitterte. Daß ich begann, die Fahrt zu genießen. Und wie sehr!
»Frankfurter Kreuz live«, sagte ich, als wir an so einem Schild vorbeifuhren. Ich erntete einen Lacherfolg.
»Margot, José, träume ich?«
Margot kniff mich in den Arm.
»Wenn du es spürst, bist du wach.«
Ich spürte es. Dornröschen nach ihrem hundertjährigen Schlaf hätte sich beim Erwachen nicht *mehr* wundern können.

* * *

Auf unserem Weg nach Norden gab es eine Station, an der ich trotz des Umweges haltmachen wollte. Ich wollte in das kleine Bad Sassendorf. Dort hatten die Eltern meiner 1941 nach Shanghai ausgewanderten Tante Hanna gelebt. Als mein Bruder und ich Kinder waren, sind wir manchmal hergereist. Wir sollten Solebäder nehmen. Immer hatte ich mir seither gewünscht, noch einmal den Geruch dieser Salinen einzuatmen. Sassendorf war noch sehr ländlich, ein hübscher Kurort nahe der mittelalterlichen Stadt Soest. Es war leicht, den Kurpark zu finden. Aber: Als ich zu den Salinen wollte, stellte ich fest, daß das Gesundwerden so schnell doch nicht funktionierte. Denn ich wollte nicht vom Auto weg, das Auto war ja nun mein schützendes Zuhause . . .
»Aber du willst doch zu den Salinen!« sagte Margot. »Die sind nicht transportabel!« Margot und José nahmen mich in die Mitte. Mir wurde heiß vor Angst und Not. Wir kamen vorbei an den Badebecken, aus denen dicker Dampf emporstieg. Bei null Grad Außentemperatur badeten die vom Zipperlein Befallenen im Schatten des alten Gradierwerks – meiner Salinen! Die Angst rückte vor wehmütiger Wiedersehensfreude einen Augenblick in den Hintergrund. Hier also, an diesem letzten

Relikt aus der Salzburenzeit, sind wir – eine kleine intakte Familie, die nicht ahnte, was kommen würde –, entlangspaziert. Von der hohen Weißdorn-Reisigwand war damals noch das Salzwasser in eine Rinne getropft, über die sich die Kurenden gebeugt hatten, um zu inhalieren. Auch ich atmete jetzt tief ein. Nach fast sechzig Jahren war ich wiedergekommen – und seit drei Jahrzehnten endlich das erste Mal auf den Spuren der Vergangenheit.

* * *

Margot wollte Filme kaufen, denn natürlich sollte diese Reise in Bildern festgehalten werden. Vor dem Fotogeschäft fiel mir etwas ein:

»Frag doch mal, ob man sich zufällig an die Familie Janoschowitz erinnert.«

Als Margot wiederkam, bestand sie nur aus Lachen und Staunen. »Es ist unglaublich, aber wahr: Da war ein junger Mann im Laden, dessen Großmutter bei deinen Verwandten im Haus gearbeitet hat, bis sie weggezogen sind, 1934. Das Haus steht übrigens da drüben.«

Da drüben? Die runden Treppenhausfenster, das könnte stimmen! »Aber es stand doch zwischen Wiesen und Feldern. Der Onkel hatte eine schöne Landwirtschaft. Mit Feldern und Korn- und Mohnblumen.«

Das war lange her. Wie alles.

* * *

Kurz vor Hamburg, wo die Autobahn durch Wald und Heide führt, tauchte in mir die Erinnerung an die Zeit im »Deutsch-Jüdischen Wanderbund *Kameraden*« auf. Wo jetzt um den Wilseder Berg herum die Landschaft weithin unter Naturschutz steht – wo andererseits aber, um Osterheide, jetzt das Panzerübungsgelände liegt und die schweren Gefährte den

Boden verwüsten dürfen –, da sind wir damals gewandert: »Aus grauer Städte Mauern / ziehn wir durch Wald und Feld.« Wir kamen vorbei an dem Schild, das den Weg nach Bergen-Belsen weist. Bei einer der nächsten Reisen sind Margot und ich dorthin gefahren.

* * *

In der Dämmerung passierten wir die Elbbrücken. Vor Monaten hatte José mir diesen ersehnten Anblick via Postkarte übermittelt. »Sie werden das bestimmt noch mal erleben«, hatte er geschrieben.
Und nun war ich wirklich da.
Ich hatte Herzklopfen.
Als wir über die Kennedybrücke fuhren, stand der volle Mond über der Alster; er hat uns die ganze wundervolle Woche nicht verlassen, sowenig wie tags die Sonne. Das wiederum war in Hamburg nicht selbstverständlich, schon gar nicht im Februar.

* * *

Das Haus meiner Großeltern am Frauenthal, mit Türmchen, vielen Ecken und Erkern existiert nur noch auf dem Umschlag meines Buches. Es ist schon lange abgerissen, und das geschichtslose, das dort an seiner Stelle gebaut wurde, hat die architektonische Atmosphäre der Ecke des einstigen Klosterviertels zerstört. Ganz in der Nähe die »Hotel-Pension am Nonnenstieg«. Sie ist für mich, wann immer ich in Hamburg bin, zu einem behaglichen Refugium geworden.
Die »kleine Inge«, zweite »Hauptperson« in meinem Buch und Freundin von Kindheit und Jugend an, erwartete mich schon in der Pension. Das Zimmer war voller Blumen. Auch vom Verlag ein großer Strauß und ein schöner Begrüßungsbrief.

»Ich kann's immer noch nicht glauben, daß du wirklich wieder da bist«, sagte auch die »kleine Inge«. Sie war, damit wir uns sehen konnten, über dreißig Jahre lang in meine Wahlheimat gekommen. »Träumen wir?«
»Ihr träumt durchaus nicht«, sagte Margot und hielt uns eine Zeitung hin, die ihr unsere Wirtin gegeben hatte. »Denn was du schwarz auf weiß besitzt, kannst du getrost nach Hause tragen!«
Faust zur Begrüßung?
Schwarz auf weiß war mein Besuch angekündigt – in der »Bild-Zeitung«!
So also begann mein neues Leben.

* * *

Auch mein altes Schulhaus am Mittelweg 90 lag ganz in der Nähe. Es gehört heute der Universität, und einige ihrer Mitarbeiter wohnten hier. Daß als Mieterin meine Freundin Elsbeth Wolffheim im Hochparterre lebte, war ein eindrucksvoller Zufall: Ihr Mann, der Professor der Germanistik Hans Wolffheim, gehörte zum Kreis derer, die als »Mischlinge« mit uns die schweren Jahre hier verbracht hatten – er damals als Arbeiter in einer Textilfabrik. 1971 hat er die Hamburger Arbeitsstelle für Exilliteratur gegründet und ist leider zwei Jahre später, 1973, gestorben. Elsbeth hatte uns zum Abendbrot eingeladen, und so stand ich bereits wenige Stunden, nachdem ich wieder auf hanseatischem Boden war, auch auf dem der Schule. Altvertraut der Eingang mit der schweren Tür, sogar der gekachelte Treppenhausboden war der alte.
Als wir ins klitzekleine Eßzimmer kamen, sagte Elsbeth: »Hier war euer Turnsaal.«
Was nur noch auf ein Achtel des Raums zutraf: Man hatte Wände gezogen. Als ich dann aber aus dem Fenster sah, kam

die Erinnerung: Wie oft hatte ich damals von hier aus in den Schulhof geschaut und das Ende der Stunde herbeigesehnt. In Gedanken sah ich mich wieder unter dem unerbittlichen Turnlehrerinnen-Blick beim ungeliebten Spagat versagen – übrigens ohne schlechtes Gewissen, ich mochte nicht turnen. Der Parkettboden, auf dem ich Unsportliche geschwitzt hatte, war bestimmt der von damals, ich bildete mir ein, das förmlich zu spüren.

Elsbeth brachte griechischen Wein.

»Willkomen zu Hause«, sagte sie.

Die Buchpräsentation

Harvestehuder Weg 45. Vor der alten Villa des Verlages steht nahe der Straße das Denkmal von Heinrich Heine. Ich war Autorin *seines* Verlages und war mir der Bedeutung dieser Tatsache sehr wohl bewußt. Und ich gestehe, daß ich, als ich durch die Eingangstür kam, wieder zitterte. Bei mir war Wolf Brümmel: Die sehr suggestive Telefonstimme hatte sich in einen beruhigend wirkenden »Freund und Helfer« verwandelt, der so tat, als sei alles, was nun ablief, ganz selbstverständlich: Die vielen Menschen zwischen bunten Postern, die die Wände des großen Raumes schmückten: der lebensgroße Bobby aus Britannien, der hinter dem für mich aufgebauten Tischchen prangte, oder der im Moment so passende Hinweis: »Land und Leute erleben.« Diese vielen Menschen würden die *Unsichtbaren Mauern* lesen?

»Das ist alles ganz normal«, sagte Wolf und stellte mir die Vertreter der Presse vor. Am nächsten Tag stand im »*Hamburger Abendblatt*«:

»Der Verlag hatte zu einer Teestunde geladen. Gekommen

waren Jugendfreunde, Nachbarn von einst, Lehrerinnen, aber auch andere, die im Buch nicht erwähnt sind, die nur mitfühlen. Ida Ehre hatte sich den Besuch nicht nehmen lassen. Der Schriftsteller Ralph Giordano war gekommen, der zu Ingeborg Hechts Buch das Vorwort schrieb. Warum? Weil Giordano mit ihrem Bruder in Hamburg Zwangsarbeit leisten mußte; weil beide ein gemeinsames Schicksal teilten. Grund zur Verbundenheit. . . . Eine Woche bleibt Ingeborg Hecht in Hamburg. Sie streift durch die altvertrauten Straßen, füttert Schwäne auf der Alster, besucht Freunde . . .«
Tags darauf las ich im *Deutschen Allgemeinen Sonntagsblatt*, daß die »Unsichtbaren Mauern« als »Buch der Woche« auserkoren waren.

* * *

Zur Präsentation waren die Enkel Matthias und Florian aus Berlin gekommen, achtzehn und neunzehn Jahre alt, sie kannten ihre Großmutter überhaupt nur zwischen den vier Wänden in deren Freiburger Wohnung. Es waren Klassenkameradinnen gekommen; eine Kollegin aus dem Büro, dessen Chef, Rolf Sommer, so mutig Verfolgten ein Arbeits-Refugium in seiner Firma geschaffen hatte; auch unser alter Jugendgruppenführer Kurt mit seiner Frau Liesel. Unter den Gästen war die Rechtsanwältin, deren Mann uns einst geholfen hatte, als die Eltern verhaftet waren. Die Lehrerin der »kleinen Inge« war da, die Inge vor Diskriminierungen geschützt hatte. Besonders aber freute mich auch der Besuch von Dr. Käthe Starke. Sie hatte das Buch geschrieben: *Der Führer schenkt den Juden eine Stadt** – das war der zynische Titel eines Films, den

* Käthe Starke: Der Führer schenkt den Juden eine Stadt. Bilder, Impressionen, Reportagen, Dokumente. Haude und Spenersche Verlagsbuchhandlung, Berlin 1975

das Propagandaministerium in Theresienstadt hatte drehen lassen: eine Potemkinsche Stadt mit vorgespiegelten Situationen, für das Ausland konstruiert – ein einziger furchtbarer Hohn gegen die Opfer. Kein Mitspieler, kein Kameramann und auch der Regisseur erfuhren je den Zweck dieser entsetzlichen Lüge, denn niemand durfte die Dreharbeiten überleben. Diese Details wurden jedoch erst viel später über die Medien bekanntgemacht; etwa am 20. März 1990, als das ZDF einen Film von Marion Schmid ausstrahlte: »Der Profi – von der Traumfabrik nach Theresienstadt.« Es wurde das Leben und Sterben des jüdischen Regisseurs Kurt Gerron aus Berlin geschildert.
Käthe Starke hat mir als erste ein Bild von Theresienstadt vermittelt.

* * *

Die Gespräche mit Freunden, mit dem Verlagsteam, mit Journalistinnen und Journalisten waren für mich über die Maßen bewegend. Was mich verwunderte: Meine Enkel bewiesen in einem Interview mit dem NDR, daß sie mehr vom Dritten Reich wußten, als ich mir vorgestellt hatte. Ich pries die Berliner Schulen. Denn als die Enkel im Elternhaus mehr darüber hätten erfahren können, war ihre Mutter, meine Tochter Barbara, schon gestorben.

* * *

Für den Abend hatte der Verlag sich etwas Besonderes ausgedacht. Man erinnerte sich daran, daß ich um das Jahr 1940 in einer Buchdruckerei mitten in der Stadt, am Hopfenmarkt, gearbeitet hatte. Ich habe diesen Platz im Schatten der Nikolaikirche geliebt und die Nähe der Fleete: Nach ihrem Anblick, nach den Düften von Kakao, Kaffee und Gewürzen der Speicherhäuser in der Deichstraße hatte ich mich in meiner Wahlheimat im Schwarzwald oft gesehnt. Und hierher hatte uns der Verlag nun eingeladen, in den Nikolaikeller.

Die Gegend nahe der Trostbrücke hätte ich ohne den schwarzen Turm der zerstörten Kirche als Fixpunkt nicht wiedererkannt; heute ragt er an der für mich so fremden Ost-West-Straße als Mahnmal in den Himmel. (Ach, Heinrich Heine: »Was will die einsame Träne? / Sie trübt mir ja den Blick. / Sie blieb aus alten Zeiten / In meinem Auge zurück.«) Ganz in der Nähe liegt der Cremon. Das Haus, das ich kannte, sah aus wie damals. Daß es nur noch die Fassade gab, merkte ich sehr bald: Wenn man die Haustür öffnete, war nichts wie früher. Alles dahinter war neu.

Früher war ich hier im Fahrstuhl ganz nach oben gefahren, ins Atelier einer »arischen« Freundin, die der »kleinen Inge« und mir manche tröstliche Stunde bereitet hat, über den Dächern von Hamburg und also stundenweise auch über den Ängsten und Sorgen.

Nun gingen wir ein paar Stufen hinab in die Gasträume. Ich will gar nicht erst versuchen, meine Befindlichkeit – wie man heute sagt – zu beschreiben, nach den dreiunddreißig Jahren am Rande des Schwarzwaldes, glücklich dort, aber immer auch mit der Sehnsucht nach Hamburg. Von meinem Platz aus konnte ich auf die Fleete schauen.

An der Schmalseite und am anderen Ende unseres langen Tisches sah von seinem farbenprächtigen Seemannshintergrund aus Hans Albers zu mir her. Und plötzlich begann er – via Tonband – zu singen. »*La Paloma*, auf, Matrosen, ohé!« Um mich herum Lachen. Ich hatte mitgesungen. Alle tranken mir zu, auch Ralph Giordano.

Beim Labskaus erzählte er der Runde von unserer ersten Begegnung: Auf einer Lesereise mit seiner Familiensaga *Die Bertinis* war er 1983 auch nach Freiburg gekommen, im Auto des Fischer-Verlages, mit Chauffeur. Er hatte sich einen Tag länger Zeit genommen. Hatten wir doch in Hamburg soviel Vergleichbares erleben müssen, waren uns aber in Freiburg zum erstenmal begegnet. Er kam zum Tee und bat, ich möge ihm das Markgräflerland zeigen. Ich war irritiert. Er wußte doch von meiner Platzangst und daß ich mein Refugium kaum verlasse. Aber er sagte nur fast erstaunt: »*Ich* bin doch bei Ihnen.«

»Na, und wie ging's weiter?« fragte Wolf, der seinerseits leidgeprüft wochenlang gegen meine solchermaßen begründeten Absagen antelefoniert hatte. Ralph hob sein Glas, lachte. »Sie ist eingestiegen in unser Auto, und wir hatten einen wunderschönen Tag. In Staufen, in Sulzburg, im Münstertal. Das war mein Anteil an Ingeborgs Gesundwerden. Es war sozusagen ihr erster Schritt ins neue Leben.«

Ich wundere mich heute noch, daß ich damals mitgefahren bin.

* * *

»Ralph«, sagte ich an diesem Abend (und ich habe mir die Frage bis heute durchaus nicht abgewöhnt), »darf man nach so schlimmen Dingen, wie sie uns hier zusammenführen, eigentlich so glücklich sein wie ich jetzt und alles so genießen?«

»Man darf«, sagte der Autor der *Bertinis*, »man darf, Ingeborg. Wir haben alles gesagt, was wir wider das Vergessen in diesem Land haben sagen müssen, unseren und aller Toten zum Gedenken. Man hört uns zu, ich habe diese Erfahrung seit einem Jahr machen dürfen. Man wird auch dir zuhören: Und diese Toten wären die letzten, die uns solche Stunden mit *Verbündeten* mißgönnten.«

Verbündete, so nannte Ralph *die* Deutschen, die bereit sind, sich mit ihrer Geschichte und der unseren zu befassen.

Was er an diesem schönen Abend gesagt hat, ist eingetroffen: Auch mir hat man zugehört. Sonst hätte ich dieses zweite Buch nicht geschrieben.

Streifzüge in die Vergangenheit

In Hamburg lebt der Schriftsteller Felix Rexhausen. Er schenkte mir sein Buch *In Harvestehude*; dort ist er 1978 »Stadtteilschreiber« gewesen. Er hatte früher am Frauenthal gewohnt, in der Nähe unseres großelterlichen Hauses.

»Ich wohnte im Dachgeschoß eines Hauses, das 1882 als Villa gebaut worden war; dieses Dachgeschoß war sein drittes Stockwerk, abgesehen von den Räumen im Souterrain, die einst für ›das Personal‹ bestimmt gewesen waren. – Nach vorn hinaus sah ich zwischen großen alten Bäumen hindurch die gleichmäßige Zeile der alten Fassaden gegenüber und halb links die breite schräge Mündung des Frauenthals in die Heilwigstraße, die dort mit ihren ersten zwanzig Häusern von dem äußersten Zipfel der Außenalster herkommt. Nach hinten hinaus aber sah ich den Himmel. Das Land zwischen Frauenthal und Abteistraße war lange nicht bebaut worden, Tennisplätze sollen inmitten der Gärten gelegen haben ...«

Es gehörte zu den freundlichen Fügungen meines Lebens, daß ich schon in diesen ersten Hamburger Tagen jemandem begegnen durfte, der genau jene Atmosphäre beschrieben hat, in der mein Vater groß geworden ist, Frauenthal Nr. 7. Auf den Tennisplätzen »inmitten der Gärten« hat meine Mutter gespielt. Im Souterrain des Hauses, in der großen Küche, hat mit siebzehn Jahren die kleine Elisabeth – nach dem Töchterchen des Schriftstellers Otto Ernst »Appelschnut« genannt – das Kochen lernen wollen, von Marie, der Köchin.

Im Sommer 1985 meldete sich diese »kleine« Elisabeth; über das Buch hatte sie uns gefunden. Sie lebt in Jesteburg. Wann immer ich in der Nähe bin, besuche ich sie und ihren Mann in ihrem kleinen hübschen Häuschen, das in einem tannenumsäumten Garten steht.
»Auch bei euch im Frauenthal hat eine prächtige Tanne im Garten gestanden«, erinnerte sich die »kleine« Elisabeth, die ihr neuntes Jahrzehnt begonnen hatte.
»Die hat mein Vater als kleiner Junge selbst eingesetzt«, sagte ich.

* * *

In diesen sechs Tagen habe ich fast alles wiedersehen können, was ich mir im fernen Südwesten gewünscht hatte, wiederzusehen: Die »Stadt« (zu der man heute »City« sagt) mit dem Rathaus, dem Jungfernstieg, der Alster. An der Elbe kamen die Erinnerungen an die Segelfahrten; an Bord hatten wir uns für Stunden oder ein Wochenende lang sicher gefühlt vor der Gestapo, nicht aber vor den Bomben. Und nun schien friedlich und hell die Sonne.

* * *

Unser Haus an der Hochallee 73 war äußerlich unverändert; innen sind heute mehrere Wohnungen. Das war gut, so konnten die Erinnerungen nicht allzu intensiv werden. Das Etagenhaus in der Hagedornstraße 27 gab es nicht mehr; es war in einer Bombennacht getroffen worden, herausgepickt aus der sonst unbeschädigten Straßenfront. Doch die Baulücke hatte man natürlich ausgefüllt. Im Haus nebenan hatte sich das Elend der Hechts abgespielt, der Familie von Vaters Bruder, die dann nach Shanghai ausgewandert ist. Der damals achtjährige Vetter Hans beschrieb diese Reise für mein Buch. Hier haben sie darüber nachdenken müssen, daß es Zeit sei, zu

gehen. Und haben doch schon gewußt: ihr Heimweh würde sie lange nicht verlassen.
Als dieser Vetter mich 1990 besuchte, sind wir zusammen hingegangen. Er filmte die Stätte seiner belasteten Kindheit, und er erzählte seiner Frau Diane und mir: »Nebenan wohnte ein Luftwaffenoffizier. Im Garten gab er mir über den Zaun herüber Schokolade, auf offener Straße hatte der große Mann Angst, mich kleinen Jungen zu sehen – ich war Luft für ihn.«

* * *

Wo einst das Haus Hansastraße Nr. 72 war, habe ich die Vergangenheit nicht wiederfinden können. Dort ragen heute die Grindelhochhäuser auf und haben die Straßenführung verändert. Unversehrt hingegen war der Teil der Dillstraße, in der sich die »Judenhäuser« befanden und wo mein Vater zuletzt hatte wohnen müssen. Das war am Grindel. Großvater Rexhausen aus dem vornehmen Harvestehude notierte anno 1856: »Grindel – das sind Wohnplätze, doch kein Gemeinwesen ... Das einzig Gute auf jener Seite, das mir gefallen würde, das ist, daß allerlei Juden dort wohnen; ich bin gerne mit Leuten zusammen, die denn doch eine andere Art besitzen.«
Das nun haben die Hamburger seit dem Jahre 1933 anders gesehen ...

* * *

An dieser Stelle möchte ich etwas vorwegnehmen: Im April 1989 hatte man mich in der Volkshochschule Norderstedt zu einer Lesung eingeladen. Als ich wieder in Freiburg war, erreichte mich von dort der Anruf einer Frau K. Sie erzählte, daß sie Anfang der vierziger Jahre Hausmeisterin in der Hagedornstraße gewesen war. Sie sprudelte ihre Erinnerungen heraus, glücklich, mich gefunden zu haben. »Ich hab' ja Ihren

Vetter, das kleine Hänschen, mal mit auf eine Dampferfahrt genommen, weil der ja nirgends mehr hindurfte. Und der Nazi im Haus hat mich auch prompt angezeigt. Aber da kam nichts weiter drauf, weil Ihre Familie dann ja auswanderte.«

* * *

Am zweiten Hamburger Morgen kamen die »kleine Inge«, unser Jugendbundführer Kuvo und seine Frau Liesel zum Frühstück. Wir hatten uns vor fast fünfzig Jahren zuletzt gesehen, aber schon bei der Buchpräsentation festgestellt: Diese alte Freundschaft hatte Bestand, trotz der Zeiten und Räume, die dazwischen lagen. Ich hatte im Buch geschrieben: »Wir mußten erleben, daß man unseren Gruppenführer verhaftete; er kam nur relativ schnell wieder, weil seine Familie sich beeilte, seine Auswanderung vorzubereiten. Aber seither wußten wir, was ein Konzentrationslager war.«
»Wir haben über Nacht in deinem Buch gelesen«, sagte Kuvo, der eigentlich Kurt van der Walde hieß. »Alle Erinnerungen waren wieder da: unsere Wanderungen durch die Heide. Die Trampfahrten. Unser Lied.«
Wir saßen um den runden Frühstückstisch in der sonnigen Erkerecke, von der aus man auf den Nonnenstieg blickte.
»Ob wir unser Lied wieder zusammenkriegen?«
Kuvo zog einen Zettel aus der Tasche.
»Ich habe die halbe Nacht gesucht. Und hier: das ›Kameraden‹-Lied.«
Die Gäste der Pension kamen aus mancher Herren Länder, wie sich's so ergab durch die umliegenden Konsulatsgebäude. Da gab es Schauspieler und Medienrepräsentanten, Kameraleute und Musiker. Denn das blaue Haus am Nonnenstieg mit der Jugendstilfassade hinter dem blühenden Vorgarten war eine Institution. Dort fühlte man sich wohl zwischen Kunst,

Kitsch und Kaffeeklatsch, dort war man einiges gewohnt. Und also: Warum sollten da nicht ein paar erwachsene Leute sitzen, das ewig aktive Radio abdrehen und ihrerseits etwas darbieten? Wir sangen:

»Junge, was hockst du so trübe zu Haus? Lockt dich der sonnige Tag nicht heraus? Junge, was soll dein trübes Gesicht? Hörst du das Lied unsrer Freiheit nicht?«

Daß nur die Jungen gefragt wurden, monierten wir auch nach fünfzig Jahren nicht. Aber: Das Lied unsrer Freiheit? Also wirklich, besonders schlüssig waren unsere so fröhlich geschmetterten Texte eben nicht, stammten doch viele unserer Lieder aus der Wandervogelbewegung der zwanziger Jahre. Den Refrain konnten wir alle auch noch:

»Wir sind die *Kameraden*, ehrliche Kerls woll'n wir sein, folgt uns auf bergsteilen Pfaden mitten ins Le-he-ben hinein.«

»Bergsteil«, sagte Kuvo, »wurden dann ja unsere Pfade auch. Aber: mitten ins Leben hinein?«
Einige aus unserer Gruppe führten sie in den Tod. Den Kuvo führten sie über das KZ Fuhlsbüttel und über eine schlimme Gefängniszeit in die Emigration.
Dennoch, unser musikalisch-nostalgisches Frühstück hat uns wehmütige Freude bereitet.

* * *

Am Abend erlebte ich zum erstenmal eine Lesung aus meinem Buch. Frau A. K. Michel, Inhaberin der Buchhandlung Sauermann in Wandsbek, hatte mich eingeladen. Dort arbeitete auch Heidi Kleßmann. Ihr Mann Eckart, der mich besucht hatte, als der PEN-Club in Freiburg tagte, kannte das Buch schon als Manuskript, war somit einer meiner ersten

Leser und hat es später in der »Zeit« besprochen. – Aber diese Einladung war für mich nicht ohne Schwierigkeit: Denn selbst vorzulesen wagte ich damals noch nicht. Es war Thomas, der Sohn der »kleinen Inge«, der mir am Vorabend seines vierzigsten Geburtstages seine Stimme geliehen hat. Dieses Datum erschien uns um so eindrucksvoller, als mein Buch fast mit der Geschichte seiner Geburt endete – einem Ereignis, das seine Mutter beinahe noch in die Gefahr einer Deportation gebracht hätte. (Die Kampfpanzer der Achten Armee des Feldmarschalls Montgomery hatten sie und das Kind davor bewahrt.)

Nur die Einführung las ich selbst; das Manuskript zitterte sichtbar in meinen Händen.

Die Buchhandlung war übervoll. Und die einfühlsamen Fragen der Zuhörer, ihre Reaktionen haben meine Besorgnis um die eigene Fassung bestätigt: Ich hätte es damals noch nicht geschafft, unsere Geschichte ruhig vorzutragen.

(Später hat sich eine junge Journalistin mal darüber gewundert, *daß* ich das schaffte! ...)

Als vier Herren zu mir traten und sich vorstellten, ahnte ich nicht, daß da wieder ein Stück ferner Vergangenheit sehr lebendig werden würde: »Wir gehören zu der Loge Ferdinande Carolina, zu der auch Ihr Vater gehört hat«, sagten sie. »1928 war er Meister vom Stuhl.« Das Wort Loge – wie oft hatte ich es in Notzeiten gehört, wenn die Mutter etwas sorgenfreier wirkte! Die Loge hatte geholfen, hörten wir manchmal, und wir haben nicht einmal gefragt, was das denn bedeutete ...

Nun würde auch in diesem Kreis, in dem schon lange eine andere Generation agierte, das Andenken meines Vaters wieder lebendig werden und weiterleben. Auf wundersame Weise bildete sich von jenem Moment an ein neuer Freundeskreis, in den auch mein Bruder im fernen Mittelamerika mit eingeschlossen wurde. Das tat gut.

* * *

Am Abend vor der Rückfahrt sah und hörte ich auf der Treppe zur Pension jemanden sprechen, dessen Stimme mir höchst bekannt vorkam. Als er an der Rezeption begrüßt wurde, hätte ich beinahe laut losgelacht. Heinz Reincke. Das durfte doch nicht wahr sein!

»Gewissermaßen verdanke ich auch Ihnen, daß ich nach dreißig Jahren wieder hergekommen bin, in mein Hamburg«, sagte ich.

»Wie das?« fragte Reincke.

Ich erzählte innerhalb einer halben Minute die Kurzgeschichte meines gesundheitlichen Handicaps und seiner Shanty-Suggestion.

»Entzöckend«, sagte er und verschwand.

Ich hinterließ ihm eines meiner Bücher, in dem ich die Abenteuer einer »Hanseatin im Breisgau« geschildert hatte; es ging dabei um die kostbaren Reben, die in meiner Wahlheimat eine so wunderbare »flüssige« Rolle spielen – »von der Sonne verwöhnt«. Ich gab ihm in meiner Widmung einen falschen Vornamen (Hans!). Er wird es mir hoffentlich verziehen haben; ich hatte ja dreißig Jahre lang nicht im Dunstkreis des Hamburger Hafens und jenes Bühnenschiffes gelebt, auf dem er so mitreißende Shantys zu singen verstand.

* * *

Wieder in Freiburg, hockte ich über den Berichten und Fotos dieser Februarwoche, in der, wie es mir bis heute vorkommt, eine Art Genesungswunder geschehen ist. Hier im Schwarzwald, zumal in den kleinen Berg- und Talgemeinden, gehört noch immer die gläubige Frömmigkeit zum Tagesablauf. Man bringt, meist wenn man sich für etwas bedanken möchte, einer oder einem Heiligen Votivbilder und Gaben in die Kirchen und Wallfahrtskapellen. Eine Hanseatin hat da nicht ohne weiteres eine Adresse parat. Aber bei mir steht eine Sammelbüchse des ·Deutschen Aussätzigen-Hilfswerks Würzburg. (Über das Leben der Leprosen im Mittelalter – speziell in Baden – habe ich ein Buch geschrieben*.) Uns »Mischlingen« hatte man im Dritten Reich eine Art Aussätzigen-Status verpaßt; die im Mittelalter wurden allerdings zu keiner Zeit ermordet, nur ausgegrenzt und isoliert. Und so denke ich, daß Sebastian, ihr Schutzheiliger, auch meinen Dank annehmen wird, für eine wunderbare Reise, auf der, wie es mir vorkam, die »unsichtbaren Mauern« zu fallen begannen.

* Der Siechen Wandel. Deutsches Aussätzigen-Hilfswerk, Würzburg 1982

»SIE WERDEN VIELE DANKBARE BRIEFE ERHALTEN ...« –

Leserbriefe und was sich daraus ergab

Kurz vor Erscheinen meines Buches hatte mich im Januar 1984 Herr Biehler von der Buchhandlung Herder in Freiburg angerufen und gefragt, ob ich eine Lesung machen möchte.

»Gern«, sagte ich, »aber das geht leider nicht.« Und wieder einmal mußte ich erklären, was Platzangst bedeutet. Aber wir kamen auf einen Gedanken: Seit 1953 gab es in Freiburg eine Bühne mit dem Schutz verheißenden Namen »Wallgraben-Theater«. Wir fragten die Prinzipalin, die Schauspielerin Ingeborg Steiert, ob sie die von mir auszuwählenden Texte lesen würde. Sie war einverstanden. Als ich die große Buchhandlung betrat, war ich sehr unruhig. Zum erstenmal würden die Zuhörer meiner Wahlheimat etwas aus dem Leben meiner Familie erfahren. – Die Einführung las ich wieder selbst, und ich hatte das Gefühl, daß jeder sehen mußte, wie sehr ich zitterte.

Als Ingeborg Steiert geendet hatte, setzte sie sich zu mir. Sie weinte.

Von diesem Augenblick an hatten wir beide eine neue Freundin.

»Falls dein Buch je dramatisiert wird«, sagte sie, »möchte ich die Rolle deiner Mutter spielen.«

* * *

Von nun an hörten die Einladungen zu Vorträgen und Lesungen nicht mehr auf. »Warum lesen Sie nicht selbst?« wurde ich immer wieder gefragt. In Voerde am Niederrhein las wieder der Sohn der »kleinen Inge«, in Sindelfingen und Heidelberg las Ralph Giordano meine Passagen mit; wir haben die Stellen ausgewählt, die in seinem Roman und in meiner Dokumentation zueinander passten; hatten wir doch das gleiche erlebt, »wie das (Nürnberger) Gesetz es befahl . . .«

* * *

Auf diesen Lesereisen lernte ich endlich unser Land kennen. Oftmals vermischten sich die Spuren der alten mit der neuen Geschichte: So brennen in der Krypta des nach dem Krieg wieder aufgebauten Doms St. Viktor in Xanten, wohin wir von Voerde aus fuhren, auch Kerzen für die Toten von Auschwitz.

Dann zum Beispiel Heidelberg. Ich bekam ein Buch geschenkt *Das andere Heidelberg – Alternativer Stadtführer.* Man zeigte mir den alten Synagogenplatz, das Mahnmal in Rohrbach, die Gedenkstätte auf dem Kirchheimer Friedhof. Es kommt mir seither immer wieder in den Sinn, daß die Geschichte des Volkes »meiner Väter« – meines Vaters – mir niemals zuvor so nahe gewesen ist. In Heidelberg stand ich natürlich auch oben am Schloß und sah zu den Neckarufern hinab. Meine beschützenden Freunde waren dabei, die »kleine Inge« und Ralph Giordano.

»Eigentlich«, sagte Ralph, »muß dir diese Freiheit des Schauens auch die Freiheit der Seele wiedergeben. Ich glaube, daß du langsam versuchen solltest, selbst zu lesen.«

* * *

Durch die Freunde vom »Wallgraben-Theater« haben sich neue Verbindungen, neue Freundschaften ergeben. Da war Berthel H., die regelmäßig zu einem Jour fixe einlud. Sie bat mich, bei ihr zu lesen.
»Wenn es Ihnen nicht gelingt, ist Ihnen niemand gram. Aber es wäre doch mal eine Chance, einen Versuch wert.«
Es gelang.
Warum ich das erzähle? Ich möchte zeigen, daß es »konzertierte Aktionen« waren, die mir halfen, gesund zu werden.

* * *

Die zahlreichen Reaktionen allenthalben, auch in den deutschsprachigen Medien anderer Länder, trafen mich wirklich wie ein ständiges Gewitter – gehörte ich doch nicht zu den Berühmten unserer Nachkriegsliteratur, die vielfacher Resonanz sicher sein konnten. Es ergab sich auch etwas, das für mich bis heute sehr wichtig geblieben ist, trotz der seelischen Belastung: Ich wurde von Redaktionen gebeten, Bücher zu besprechen, deren Themen den meinen vergleichbar waren. Denn nach dem langen Schweigen begannen sich nun die Regale der Buchhandlungen zu füllen mit Dokumentationen über das Dritte Reich. Ich lernte die Leiden anderer kennen, gegen die die meinen, wie mir schien, kaum zählen durften. Da war z.B. der Bericht einer Krankengymnastin, Simha Naor. Sie lebt heute in Israel und hat Auschwitz und Bergen-Belsen überlebt.* Sie beschreibt das Grauen, dessen entsetzliche Augenblicke sie niemals wird vergessen können. Und dennoch, das Buch strahlt soviel Altersgüte aus ...
Oder diese Episode: Während einer Veranstaltung gibt mir

* Simha Naor: Krankengymnastin in Auschwitz. Aufzeichnungen des Häftlings Nr. 80574. Herder-Verlag, Freiburg 1986

eine alte freundliche Dame ihren Lebensbericht als kleines Schreibmaschinenmanuskript: »Wir dürfen nicht vergessen. Aus Flora Neumanns Leben.« Sie ist Hamburgerin und schreibt: »Nach unseren Ermittlungen sind wir die einzigen Hamburger Juden, welche die KZ-Lager als Familie überlebt haben.« Auch sie ist eine gütige Frau ohne Haß. Die Lektüre brachte mich fast um, die Angstträume – ich bin auf der Suche nach dem Vater – beginnen wieder. Bis dahin hatte ich es vermieden, Bücher über das »Leben« in Auschwitz zu lesen.

Ich begann zu hoffen, daß der Vater das Lager Auschwitz gar nicht erst zu sehen bekommen hat; daß er von der »Rampe« aus, abgewinkt vom SS-Arzt Dr. Mengele, vielleicht wirklich glaubte, in einen Duschraum zu gehen ...

Es tut mir leid, daß ich diesen Gedanken nicht verschweigen kann.

* * *

Zu den positiven Reaktionen gehörten für mich die Leserbriefe. Ich habe, wie schon erwähnt, im ersten Kriegsjahr den »Mischlings-Genossen« Hans Wolffheim kennengelernt, der später Ordinarius der Germanistik geworden ist. Ich habe im Buch von dieser Begegnung viel erzählt, und nun kam ein Brief, der mich ganz besonders gefreut hat:

»19. 3. 1984

Liebe Frau Hecht,

das muß ich Ihnen rasch sagen: in Ihrem Buch habe ich mit nachdenklicher Freude den Namen Hans Wolffheim gelesen, und sogleich fühlte ich mich in die Zeit schwierigen Aufbruchs nach 45 versetzt. Durch englische Fürsprache konnte ich gleich im ersten Wintersemester 45/46 einen Studienplatz erhalten, und wie von selbst kreuzte ich den Weg von Hans Wolffheim. Er war ein großartiger, eigenwilliger und hilfsbe-

reiter akademischer Lehrer. Er hat dafür gesorgt, daß ich schon '46 im Hamburger Sender kleine Gedenkartikel schrieb, durch seine Vermittlung erhielt ich einen Mantel und eine Jacke vom Schwedischen Studentenwerk.
Mittlerweile haben wir beide, meine Frau und ich, Ihr Buch gelesen – mit dem unwillkürlichen Wunsch, die Hamburger Zeitgenossen daran zu erinnern, was in dieser Stadt möglich war und daß das Vergangene auf eigene Art anwesend ist ...
Gute Wünsche für Sie und herzliche Grüße,

Ihr Siegfried Lenz.«

Von den vielen Leserbriefen, die mich weiterhin erreichen, stammen manche von Leidensgenossen, die Variationen dieser »Mischlings«-Schicksale beschreiben. Einige von ihnen möchte ich im Verlauf des Buches weitergeben an meine Leser; denn das Leben derer, die »zwischen den Stühlen« zu existieren versucht haben, ist immer noch kaum bekannt.
So kam im August 1984 dieser Brief einer Theologin aus einem Augustinum in Norddeutschland:
»Vor ein paar Tagen schenkte mir jemand Ihr Buch ... Ich las es fast wie betäubt in einem Zuge durch, dann gleich noch einmal, langsam. Nun möchte ich Ihnen danken, daß Sie dieses Buch geschrieben haben und besonders dafür, wie Sie es geschrieben haben ... Sie haben bei mir angerührt, was ich selbst nur selten anrühren mag und was doch immer gegenwärtig ist, je älter ich werde, um so mehr.
Ich bin 1912 in Hamburg geboren, ... in der Klosterschule 1932 Abitur, fröhlich auf die Universität gezogen, phil. und theol., um dann 1933 mit drei jüdischen Großeltern in eine Situation gestoßen zu werden, auf die ich in keiner Weise vorbereitet war. Warum ich zu den 1,5% (so hab ich die Zahl in Erinnerung) gehörte, die auf der Universität bleiben durften, weiß ich nicht. Ich habe dann Volltheologie studiert, in Ro-

stock 1937 das Fakultätsexamen und später bei der Bekennenden Kirche in Berlin noch ein Kolloquium gemacht. In den Hamburgischen Kirchen hätte man mich nicht genommen – da denke ich an jenen Pastor, der Sie plötzlich übersah.*
Durch kirchliche Hilfe bin ich 1939 noch gerade herausgekommen nach England und 1946 zurückgekehrt. Jetzt bin ich Pastorin ... ›Es sind absonderliche Dinge, die einem ans Gewissen gehen‹, schreiben Sie. So ist es: Warum hat uns, hat mich so wenig gerührt, was damals den aus Polen stammenden Juden geschah, die schon 1938 über die Grenze gejagt wurden?** Warum habe ich nicht die Kirchenbücher denen verweigert, die ihre ›arische‹ Abstammung darin suchten? Auch ich habe in der kleinen pommerschen Landgemeinde als Subvikarin Ariernachweise ausgeschrieben, das gehörte zu meinen Pflichten. Warum kann ich bis heute nicht in Ruhe mit Menschen meines Alters über die damalige Zeit sprechen, außer natürlich mit meinen Freunden?
›Wir haben das nicht unversehrt überstanden‹, schreiben Sie. Jetzt, da ich nicht mehr im Dienst bin, merke ich es fast noch schmerzlicher als früher ... Wer fragt jemals nach uns: Nicht geheiratet, ausgeschlossen in jungen Jahren von allem, was einem damals Spaß gemacht hätte, immer in Angst ... Ich habe auch sehr viel Gutes erfahren, hier und in England und vergesse davon nichts. Glücklich bin ich, daß seit zwei Jahrzehnten auch in der evangelischen Kirche ein neues Nach-

* Frau F. bezieht sich auf meine Schilderung aus der Schulzeit. Der Pastor, der uns Religionsunterricht gab, begann plötzlich, mich zu übersehen.

** Dieses von den meisten (auch von mir) unbemerkte grausame Ereignis hat das so folgenschwere Attentat des jungen Herschel Grynspan, dessen Eltern von dieser Vertreibung ebenfalls betroffen waren, in Paris am 8. November 1938 ausgelöst.

denken angefangen hat, endlich. Was haben wir Theologen da für Unheil angerichtet.
Sie werden viele dankbare Briefe erhalten, liebe Frau Hecht. So will ich zum Schluß kommen. Ihr Buch wird jetzt von meiner Hand noch in andere Hände wandern.
Möchte es Ihnen und Ihren mutterlosen Enkeln wohlergehen.
In herzlicher Dankbarkeit grüßt Sie

Ihre G. F.«

Aus Weil am Rhein kam im September 1984 ein Brief aus einem Berufsstand, von dem ich dergleichen niemals erwartet hatte, nämlich von einem Offizier der Deutschen Wehrmacht: ». . . Ich möchte Ihnen sehr herzlich für Ihr so tapferes und ›unterkühltes‹ Buch danken. Wir, meine ›nur viertelsjüdische‹ Frau und ich, ›Voll-Arier‹, hatten 1940 geheiratet und uns vorher entwürdigenden, aber erfolgreich bestandenen Untersuchungen auf ›rassische Qualität‹ unterziehen müssen. Gute Freunde und Mogeleien hatten uns geholfen, aber in meiner Stellung im Range eines Stabsoffiziers konnte eine Wiederaufrollung des Falles lebensbedrohlich sein. Bis zum Zusammenbruch des NS-Staates standen meine Frau und ich unter diesem Druck . . . Ihr Buch hat diese vergessenen bzw. verdrängten Ängste wieder in die Erinnerung zurückgerufen, aber dabei zugleich befreiend gewirkt. Wir werden es unseren Kindern geben und anderen jungen Menschen. Gerade die Kargheit Ihrer Darstellung wird ihnen mehr Nachempfinden erlauben als dramatische Schreckensberichte. Ich wünsche Ihnen herzlich, daß Ihr Buch Ihnen auch Befreiung gebracht hat . . .«
Mit diesem letzten Satz hat Herr Dr. O. einen Wunsch geäußert, dessen Erfüllung in diesem schönen Ausmaß ich mir nie erträumt hätte . . .

* * *

Im November 1984 war ein Brief aus Jerusalem gekommen: »... Als ein in Hamburg 1919 geborener Jude, auch in der Calmann-Klinik bei Ihrem Onkel zur Welt gekommen und bis 1933 in der Hansastraße 42 gelebt – also nur wenige Meter von Ihrer letzten Wohnung entfernt –, brauche ich Ihnen nicht ausführlich zu sagen, wie Ihr Buch auf mich gewirkt hat.
In den letzten Jahren beschäftigte ich mich intensiv mit der ›Jüdischen Gegenwart in Deutschland durch die Jahrhunderte‹ ... Mein nächster Auftrag wird wahrscheinlich die Geschichte der Juden in Hamburg sein. Ihre Erinnerungen könnten dabei von großer Wichtigkeit sein. Schreiben Sie mir, wie Sie darüber denken? Ich lebe seit 1933 in Israel (früher Palästina), befinde mich aber sehr oft und lange in Deutschland.«
Der Briefschreiber Naftali Bamberger gab mir eine deutsche Adresse an, und zwar in Neuenburg, also ganz in meiner Freiburger Nähe: bei Dr. Barbara Gehrts. Den Namen kannte ich, wenn auch erst seit kurzem. Ich rief bei ihr an: »Das darf nicht wahr sein«, sagte sie, »ich lese erstens gerade Ihr Buch, und zweitens kommt der Naftali morgen her.«
Wir stellten fest, wodurch ich mich so schnell an ihren Namen erinnerte: Es war genau zu der Zeit, als im Schulfunk des Südwestfunks ein Hörspiel von ihr lief, nach ihrem Buch: *Nie wieder ein Wort davon?**, für das sie einen Jugend-Literaturpreis bekommen hatte. Ich war tief beeindruckt, weil diese furchtbare Zeit so kindgerecht dargestellt war. Barbara verstand allerdings etwas davon: Sie war selbst ein Kind gewesen, als ihr Vater, »Arier«, von dem Blutrichter Freissler zum Tode verurteilt worden war. Zudem hatte sich ihre Schulfreundin,

* Barbara Gehrts: Nie wieder ein Wort davon? Deutscher Taschenbuchverlag, München 1978, 1984

nachdem die Familie einen Deportationsbefehl bekommen hatte, das Leben genommen – ein fünfzehnjähriges jüdisches Kind.

Kurz darauf lernte ich dann Naftali Bamberger kennen, in Barbaras Bungalow an den Rheinauen. Er erzählte, daß sein Vater in Hamburg Rabbiner in der Alten und Neuen Klaus-Synagoge gewesen war; sie lag in einem Hinterhof an der Rutschbahn im Grindel. Sein Großvater war ebenfalls Rabbiner gewesen – in Sulzburg! In diesen Wochen schrieb ich gerade ein Buch über dieses reizvolle winzige Städtchen am Westrand des Schwarzwaldes, über die alte israelitische Gemeinde, deren vierhundertjährige Geschichte in wenigen Stunden – am 22. Oktober 1940 – ausgelöscht worden war. Man hat die Sulzburger Juden nach Gurs deportiert, ein fürchterliches Lager in den Pyrenäen, Zwischenstation nach Auschwitz ... Und nun hatte der hanseatische Naftali so markgräfliche Verbindungen, und er konnte mir wertvolle Hinweise geben über die Geschichte jenes *Stetls* ... »Nachdem sich unsere Wege auf so seltsame Weise kreuzen«, sagte er, »bin ich davon überzeugt, daß wir als Kinder im Innocentia-Park zusammen gespielt haben. Vielleicht haben unsere Kinderfräulein uns auf *einen* Schlitten gesetzt?« Der Innocentia-Park liegt nahe der Hochallee. Sein Berglein, von dem wir selig rodelten, würden die Schwarzwaldkinder für einen Maulwurfhügel halten ... Ich glaube, ich bin in Naftali dem ersten gläubigen Juden begegnet. Eine solche Unerfahrenheit birgt übrigens Fallstricke: Meine Freundin Doris und ich – sie machte zum Sulzburg-Buch die Zeichnungen – sind an einem schönen Tag mit ihm Forellen essen gegangen. Tags darauf lud sie uns zu sich ein. Er lehnte, nachsichtig lächelnd, einen Salat ab: Krabben hatten den frischen Blättern etwas maritimen Pfiff geben sollen. Und nun lernten wir, daß Krabben nicht koscher seien.

Daß also Wasserbewohner nicht gleich Wasserbewohner waren. Und Naftali vermittelte uns biblische Ernährungskunde. Ich denke, daß mein Vater in seiner Jugend dergleichen gewußt und vielleicht danach gelebt hat. Ich weiß nicht, warum wir ihn niemals danach gefragt haben. Das Jüdischsein war kein Thema, bis 1933.

Als ich eingeladen wurde, bei den Müttern des SOS-Kinderdorfes Sulzburg zu lesen, hatte man mein Tischchen freundlich geschmückt und auch eine Menora mit brennenden Kerzen hingestellt. »Es ist das erste Mal«, sagte ich, »daß ich vor einer Menora sitze.«

* * *

Im Mai 1984 bekam ich einen Brief von Dr. Udo Löhr. Er war als Staatsanwalt abgeordnet an das Oberlandesgericht, an jene Behörde also, die meinen Vater am 27. September 1938 aus der Liste der Hamburger Rechtsanwälte gestrichen hatte.

Dr. Löhr arbeitete am Ausbildungs- und Prüfungsamt. Er schrieb mir:

»Ich ... habe viele Jahre lang nationalsozialistische Gewaltverbrechen bearbeitet und hierdurch ein besonderes Interesse an der Geschichte der Hamburger Justiz gewonnen. Als im Juni 1983 auf Initiative des Hamburgischen Richtervereins, in dessen Vorstand ich bin, die ›Hamburger Justiztage‹ veranstaltet wurden ..., sollte auch die Geschichte der Justiz mit Licht- und Schattenseiten gezeigt werden. Zusammen mit einer Kollegin richtete ich eine Dokumentenausstellung über den Naziterror in Hamburg ein. Die Ausstellung hieß ›Justiz im Nationalsozialismus‹, war sehr gut besucht und fand auch ein erfreuliches Echo. Auf Anregung des Vorsitzenden des Hamburgischen Richtervereins, des Landgerichtspräsidenten Dr. Makowka, sollen die seinerzeit gezeigten Dokumente in einem Unterrichtsraum auf Dauer ausgestellt werden.

... Zur besseren optischen Darstellung sollen auch Bilder aufgenommen werden. Ich habe es übernommen, dies zu organisieren ... Nun habe ich durch Ihr Buch von dem furchtbaren Schicksal Ihres Herrn Vater erfahren und würde seiner gern in der Ausstellung gedenken.«

Dr. Löhr bat um Fotos, um die Lebensdaten, auch um die der juristischen Ausbildung. Woher aber nehmen? Wir waren »ausgebombt«, und Dokumente außer denen, die wir im Köfferchen gerettet hatten und woraus ich meine Dokumentation hatte zusammensetzen können, war nichts vorhanden. So war es Dr. Löhr selbst, der im Hamburger Staatsarchiv sogar die Dissertation meines Vaters fand, auch Zeugnisse und Nachweise. Mein Bruder und ich haben ihm viel zu danken. Dr. Löhrs damals zehnjähriger Sohn Tillmann ist ins Justizgebäude marschiert und hat seinen Fotoapparat mitgenommen, um den Schaukasten abzulichten, in dem sein Vater das Leben meines Vaters dokumentiert hat. In einem Kinderbrieflein setzte er hinzu, er hoffe, die Fotos gefielen mir »... und sind Ihnen eine schöne Erinnerung.« Oh, Tillmann ...!

* * *

Hier gibt es etwas anzumerken: Als ich später diese kleine Ausstellung besuchte, in dem Gebäude, in dem mein Vater als Anwalt aktiv gewesen war, sah ich in einer Vitrine ein Buch: *Streiflichter aus dem Hamburger Widerstand 1933–1945. Berichte und Dokumente.*

Ich blätterte und fand zu meinem hellen Entsetzen sowohl den Namen von Kuvo, unserm Jugendbundführer als den des Deutsch-Jüdischen Wanderbundes »Kameraden«.

Zufällig war ich an diesem Mittag mit Kuvo verabredet, am Grindelhof in einem chinesischen Restaurant. Dr. Löhr fuhr mich hin, die »kleine Inge« war auch gekommen.

Ich fragte, nachdem das Chop Suey auf dem Tisch stand: »Kuvo, sag um alles in der Welt, wer von den ›Kameraden‹ war aktiv im Widerstand?«

Er legte die Stäbchen aus der Hand, sah uns an und sagte: »Es waren die meisten. Ihr Jüngsten solltet nie etwas merken. Wir mußten euch da raushalten.«

»Das«, sagte ich, und ich hörte mein Herz klopfen, »das hätte uns die Gestapo niemals geglaubt.«

Diese Gewißheit war begründet: Vor zwei Jahren bekam ich ein Buch zur Besprechung: *Weiße Möwe – Gelber Stern. Das kurze Leben der Helga Beyer**. Ich hatte die Autorin Antje Dertinger in Freiburg kennengelernt; das Buch entstand nach den authentischen Berichten der überlebenden Schwester des Opfers. Helga war mit mehreren der »Kameraden«-Gruppe aus Breslau in den Widerstand gegangen, zur selben Zeit, in der wir in dem Bund waren. Damals war sie fünfzehn Jahre alt, so alt wie wir auch. Sie wurde verhaftet, kam ins Gefängnis und wurde, statt nach verbüßter Strafe nach Hause entlassen zu werden, in das KZ Ravensbrück gebracht. Sie hat die Haft nicht überlebt. Und noch einmal sagte ich:

»Daß wir nicht dabei waren, die ›kleine Inge‹ und ich und die anderen, das hätte uns die Gestapo niemals geglaubt.«

* * *

Ein Jahr nach der ersten Begegnung mit Dr. Löhr erschien von der Oberstaatsanwältin Helge Grabitz das Buch: *NS-Prozesse – Psychogramme der Beteiligten***. Sie hat die Angeklagten und die Ankläger, die Zeugen und die Opfer, die

* Antje Dertinger: Weiße Möwe – Gelber Stern. Das kurze Leben der Helga B. Verlag J. H. W. Dietz Nachf., Bonn 1987

** Helge Grabitz: NS-Prozesse. Psychogramme der Beteiligten. C. F. Müller, Juristischer Verlag GmbH, Heidelberg 1985

Richter und die Sachverständigen geschildert. 1934 geboren, mußte sie als öffentliche Anklägerin versuchen, »nicht Rache, sondern Recht« einzufordern, um Simon Wiesenthal zu zitieren.

Wir Überlebenden können Menschen ihrer Art nicht dankbar genug sein. Denn auch sie wird nach allem, was sie zu hören und zu beurteilen bekam, niemals wieder unbefangen leben können. Ihr Beruf brachte es mit sich, daß sie oftmals Zeugen in fernen Ländern zu vernehmen hatte. Ihre weiland kleine Tochter hat früh gelernt, wie wichtig diese Reisen der Mutter waren.

»Wenn ich aber mal Zeit hatte«, sagte Frau Grabitz, »kamen die Schulfreunde meiner Tochter und wollten, daß ich erzählte, was damals geschehen ist.«

* * *

Während meines ersten Hamburger Aufenthaltes habe ich, wie berichtet, die nächste Generation der Logenbrüder meines Vaters kennengelernt. In meinem Buch habe ich Dr. Fritz Ascher erwähnt. Im März 1984 traf dieser Brief eines jungen Sozialhistorikers, Thomas Held, ein:

»Das Erscheinen Ihres Buches hat mich so aufgeregt, daß ich Ihnen schreiben muß. Dies aus zwei Gründen: Zum einen stehe ich seit etwa zwei Jahren mit einer Ihrer Hamburger Freundinnen in Korrespondenz, nämlich mit Frau Ursula Gaupp, die gerade in ihrem letzten Brief Ihrer beider Verbundenheit als zwischen den Stühlen sitzende ›Mischlinge‹ erwähnte; zum anderen arbeite ich sozialhistorisch über die Problematik ›Juden und Freimaurer in Hamburg‹. Ich brauche Ihnen nicht zu sagen, daß ich in diesem Zusammenhang auch auf Ihren Vater gestoßen bin, der im Hamburger Logenleben keine geringe Rolle spielte . . .«

Es war wunderbar: Wie lange hatte ich versucht, zu erfahren, wo Ursula geblieben war; sie war mit ihrer Mutter nach Shanghai ausgewandert, und sie war die Enkelin von Vaters Logenbruder Dr. Fritz Ascher. Thomas hatte das Puzzle zusammensetzen können.
Sehr bald traf auch ein Brief von ihr ein, aus Pennsylvania, wo sie mit ihrem Mann, ihren Kindern und Enkeln lebte.
»... ich möchte soviel wissen, über Euch, über unsere alten Freunde«, schrieb sie, setzte sich bald darauf in ein Flugzeug und kam. Das paßte noch ganz besonders gut, denn unsere »kleine Inge« wurde fünfundsechzig. Überdies hatte ich das erste Mal eine vom Verlag zusammengestellte Lesereise durch Hamburger Buchhandlungen zu machen. Das war im April 1985.
Sehr glücklich übers Wiederfinden verliehen wir Thomas Held unseren ganz persönlichen Verdienstorden, und es war, wie konnte es anders sein, eine neue schöne Freundschaft entstanden.

* * *

Zu Inges Geburtstag kam auch Dorle, geborene Z. Wir erinnerten uns gemeinsam an die Schulzeit der beiden, über die ich im Buch berichtet hatte. Da war die tapfere Lehrerin, Fräulein Riecke (später Frau B.). Dorle sagte:
»Nachdem die ›Nürnberger Gesetze‹ veröffentlicht waren, erfuhren wir, daß Inge ›Halbjüdin‹ sei. Und so, wie sich im großen die Spannung erhöhte, spiegelte sie sich in der Klasse. Auch da gab es große Gegensätze in der politischen Einstellung. Mir, die ich schon lange neben Inge saß, wurde bedeutet, daß ich den Platz wechseln und auch den Kontakt mit ihr auf dem Schulhof zu meiden habe. Für mich war das absurd. Ich habe es abgelehnt.«
Dorle Z. war die einzige von uns, die später in den Widerstand

gegangen ist. Die amerikanische Armee hat sie aus dem Zuchthaus in Bayreuth befreit.

* * *

Viel später wurde ich noch einmal auf das Thema Widerstand unmittelbar aufmerksam: Im Juni 1990 erhielt ich eine Einladung an die Universität Genf: Die Studierenden der Übersetzerklasse hatten mit der Dozentin Cornelia Niebler-Gaedtke über ein Thema gearbeitet: »Schreiben Frauen ihre Biographien anders als Männer?«

Nach der Lektüre meines Buches wurde ich eingeladen; man hatte einen Fragenkatalog zusammengestellt. Zu den Fragen gehörte eine, die mich sehr berührte. Die Studentin zitierte meine Passage, mit der ich auf die Unmöglichkeit reagiert hatte, als »Mischling« an einer Zeitung hospitieren oder lernen zu dürfen:

»Ich ging über den Rathausplatz, den man schon nach Deutschlands großem Führer benannt hatte. Was halfen die prachtvollen klassizistischen Arkaden an der ›Kleinen Alster‹, was half diese ganze schöne geliebte Stadt an der Elbe, wenn man sich in ihr nicht mehr dazugehörig fühlen durfte ... An diesem Mittag fragte ich, zwischen Sentimentalität und Ernsthaftigkeit, was es denn eigentlich noch sollte, das Leben? Aber das war eine Frage, die ich mir dann niemals wieder gestellt habe ... Denn niemals hatte ich jemand anders sein wollen – und nicht einmal *arisch.*«

»Mich hat das beinahe umgeworfen«, sagte die sehr junge Sprachschülerin, »wie kann man so reagieren, wenn man jung ist?«

Wenn man plötzlich nach etwas gefragt wird, worüber man noch niemals nachgedacht hat, wird es etwas schwierig.

»Ich weiß es nicht. Aber ich bin froh, *daß* es so war. Ich kenne genug Schicksalsgenossen, die lieber anders gewesen wären, keine ›Verfemten‹ sein wollten ...«

Ich sagte ihnen, daß von solchen Konflikten in diesem neuen Buch die Rede sein würde. Nicht zuletzt dachte ich dabei an meinen Bruder, der so gern weiterhin im Hamburger Sportverein Fußball gespielt hätte. Und ich dachte an die vielen, die bis vor kurzem niemals von dieser Vergangenheit haben sprechen können und die es erst tun, seit man sich wirklich dafür interessiert in unserem Land. Und ich dachte an jene, die es heute noch nicht können.

Ich hatte es da leichter.

Am Abend zuvor hatten wir gemeinsam den Film von Michael Verhoeven und Mario Krebs gesehen: *Die Weiße Rose.* Tags darauf habe ich in Hamburg die »kleine Inge« angerufen und gefragt: »Wieso haben wir denn von diesen grauenhaften Todesurteilen damals nichts bemerkt?«

»Weil um die Zeit in Hamburg dauernd Transporte mit unseren Freunden und Verwandten zusammengestellt wurden. Weil dauernd Bomben fielen. Und weil ihr dann nach Staufen gegangen seid.«

Und weil diejenigen, die von unserer Gruppe mit den Münchner Studenten – sogar vor uns verborgen – in Verbindung standen, hatten schweigen müssen.

Den genauen Hergang habe ich nach jenem Abend in Genf nachgelesen, in Inge Scholls Buch*.

* * *

Da gibt es eine Situation, die ich nie vergessen werde: Ich war Gast der Fuhlsbüttler Buchhandlung von Frau Dörte Hell-

* Inge Scholl: Die Weiße Rose. Fischer Taschenbuchverlag, Frankfurt am Main 1989

Rubow. Sie hatte den Raum freundlich eingeteilt, mein Platz war zwischen den vielen Zuhörern. Mir gegenüber saß eine sehr gepflegte alte Dame und sah mich aufmerksam an.
Als ich nach dem Lesen das Buch hinlegte, blieb es lange still. Bis diese Dame Fragen stellte. Die Fragen kamen mir merkwürdig kundig vor. Sie fragte nach der Mutter, nach dem Bruder und plötzlich nach einem Vetter.
»Sie haben uns früher gekannt?« fragte ich.
»Ich war«, sagte sie, und ihre Stimme begann zu zittern, »1926 als Schreibkraft bei Ihrem Vater in der Kanzlei.«
Totenstille. An dieser bewegenden Begegnung nahmen, wie mir schien, alle Gäste Anteil. Frau Paula N. begann aus jenen Jahren zu erzählen. Sie habe z.B. die Festschrift getippt, die mein Vater damals zu einem Jubiläum seiner Loge geschrieben hatte.
»Ich habe ihn gefragt: ›Wie schreibt man Shakespeare, und wer ist das?‹, und am Tag darauf bekam ich zwei Theaterkarten von Herrn Dr. Hecht für eine Shakespeare-Aufführung. So war er.«
So war das.
Von dieser Festschrift wußte ich nichts. Frau N. hatte ihr Exemplar ihren Kindern nach Amerika mitgegeben. Jetzt erhielt sie es zurück, und am 23. Juli schrieb sie mir:
». . . endlich ist die Festschrift bei mir gelandet, und Sie sollen sie nun auch bekommen . . . Ich lernte dann auch Ihr Elternhaus kennen . . . Liebenswürdigerweise wurde ich von Ihren Eltern in die Festvorstellung ins Schauspielhaus zu ›Nathan der Weise‹ mitgenommen. Soviel aus jener Zeit. Jetzt werde ich 80 . . . Alte Wunden reißen wieder auf. Man hat nichts gewußt oder wollte nichts wissen, weil man nicht betroffen war. Wie traurig ist das alles. Das Leben ist grausam mit Ihnen umgegangen . . . Und wir haben den Kopf in den Sand ge-

steckt. Was konnten wir tun? Ich könnte Ihnen vieles aus der Kanzleizeit erzählen. Wir könnten viele Gedanken austauschen, wenn Sie in Hamburg wären. Ihr Buch war gut zu lesen. Sie schildern alles so treffend und kurz . . . Ich kann es nicht vergessen . . .«

VON DEN SCHICKSALEN DER ANDEREN

Viele meiner Leser konnten nicht vergessen, und sie haben mir geschrieben. Einige von ihnen möchte ich selbst zu Worte kommen lassen, denn die Begegnung mit diesen *Schicksalen der anderen* zeigte mir, wie viele groteske Grenzsituationen es gegeben hat.
Während einer Lesung lernte ich Michael H. kennen. Von seiner Mutter hatte ich einen Brief erhalten:

Tosca Sch. – Tochter aus einer »Mischehe«

»Heiligenhafen, den 4. Januar 1988
... Beim Lesen Ihres Buches dachte ich, es wäre mein Schicksal, worüber Sie berichten ... Auch ich kam in der Privatklinik des Doktor Calmann in Hamburg auf die Welt. Mein Vater war Jude, meine Mutter Christin, später eine sogenannte ›Privilegierte Mischehe‹. Dann begann der Ihnen bekannte Leidensweg. Die höhere Schule war für mich tabu, ebenso die Staatliche Handelsschule. 1942 bekam ich meine erste Tochter. Meinen Verlobten durfte ich natürlich nicht heiraten. Als ich das zweite Kind erwartete, drohte man mir mit der Einweisung in ein KZ, falls ich die Verbindung mit meinem Verlobten nicht löste. Weitere Verfolgungen meiner Familie möchte ich nicht schildern ...«
Frau Sch. hat aus einer 1948 geschlossenen Ehe zwei Söhne, einer von ihnen ist Michael. Er schreibt mir oft, denn er

bemüht sich um Informationen über das Leben seiner Familie, die seine Mutter nicht mehr geben mag.

». . . es geht um die Ehe der Eltern meiner Mutter. Ich hatte sie zwar schon vorsichtig und behutsam in dieser Angelegenheit angesprochen, doch reagiert sie immer noch sehr betroffen, wenn es um ihre Herkunftsfamilie und den Holocaust geht . . .«

Michael H. stellte Fragen über die Arithmetik der Nazis: nach den unterschiedlichen Graden der Kinder aus »Mischehen«, nach der Bedeutung einer jüdischen oder christlichen Trauung und vor allem nach entsprechender Literatur.

Für alle, die aus dem entsetzlichen Verwirrspiel immer noch kaum schlau werden können: Glücklicherweise gibt es inzwischen einiges an Literatur, und auch die »Landeszentralen für politische Bildung« können beraten.

Arbeiten ohne »Ariernachweis«

Auch meine Freundin Ursula in Havertown hat mir zum Thema »Mischehen« noch vieles geschrieben:

»Etwas sehr Schlimmes war in manchen ›Mischehen‹ der Haß unter Familienmitgliedern, die verschiedenen Religionen angehörten. Meine Mutter wurde 1914 kriegsgetraut, mein Vater war ›arisch‹, und sie hat sich, mit dem Einverständnis ihrer Eltern, evangelisch taufen lassen. Auch wir Kinder, mein Bruder Peter und ich, wurden getauft. *Bis 1933 waren wir eine glückliche Familie.*

Mein Onkel Fritz, Mutters Bruder, heiratete eine sehr gläubige Jüdin. Sie war reizend, charmant, witzig – eine Frau, die wir alle gern hatten. Im Laufe der schweren Jahre veränderte sich ihre Gesinnung. Sie hat meiner Mutter den nichtjüdischen

Mann verübelt. Das hatte leider schwerwiegende Folgen. Als es zu Großvaters Auswanderung kam, setzte sie durch, daß er seine treue Haushälterin mitnahm; die war aber ›arisch‹ und nicht gefährdet. Meine Mutter hätte sich gewünscht, mit mir, der ›halbarischen‹ Tochter, mitgenommen zu werden ...
Als wir dann unsere Auswanderung vorbereiteten, hatte ich die Absicht, Krankenschwester zu werden. Damit würde man in jedem Land durchkommen. Aber in den Krankenhäusern nahm man mich nicht mehr auf und natürlich auch nicht im Israelitischen Krankenhaus: Dort wurden verständlicherweise jüdische – weil noch gefährdetere – Lehrschwestern bevorzugt.
Wir saßen immer zwischen zwei Stühlen ... Damals haben wir mit großer Begeisterung die Broadway-Filme gesehen, bis sie bei Kriegsausbruch verboten wurden. Von Kindheit an hatte ich mir gewünscht, zu tanzen. Am liebsten wollte ich steppen. Vormittags ging ich also in die Sauer-Schule, die mich glücklicherweise aufnahm. Nachmittags war ich Babysitter. Als ich ganz gut steppen konnte, sollte ich mit einer Gruppe der Schule im Varieté ›Flora‹ tanzen. Aber dazu hätte ich in der Fachschaft ›Artistik‹ sein müssen, wo ich niemals aufgenommen worden wäre. Also ließ Frau Sauer mich an der Reeperbahn tanzen, dort brauchte ich keinen ›Ariernachweis‹. Frau Sauer riet mir, immer von meinem Bruder in der Wehrmacht zu erzählen. Sein Jahrgang 1916 wurde ja zunächst noch eingezogen. Sie war übrigens sehr menschlich zu mir. Wenn ich mal das Schulgeld nicht hatte, wartete sie, oder ich durfte ihr helfen, die Kostüme zu nähen.«
Ursula, unsere sanfte brave Freundin, konnte man sich wahrhaftig nicht als Tänzerin an der Reeperbahn vorstellen. Aber ihr hat diese Zeit gutgetan und Spaß gemacht; viel Bitteres hat sie dennoch erlebt damals in Hamburg. Wenn man so etwas

überhaupt mit diesem Wort charakterisieren darf, möchte ich diese »komische« Geschichte zitieren, die sich abgespielt hat, nachdem Ursula von einer Fahrt nach Kopenhagen zurückgekehrt war. Sie hatte dänische Logenbrüder eines Hamburger Freimaurers aufgesucht, um ihnen dessen verzweifelte Lage klarzumachen:

». . . Kurz darauf, nach Ausbruch des Krieges bekam ich eine Vorladung zur Gestapo, mich frühmorgens im Stadthaus zu melden. Kein Warum, Weshalb. Meine Mutter mit ihrer regen Phantasie sah mich schon als Spionin verhaftet. Ich war Gott sei Dank naiv und machte mir nicht viel Kopfzerbrechen. Als ich mich um Viertel nach sieben von Mutter verabschiedete, sagte sie: ›Ich ziehe mir die Decke über die Ohren und stehe erst wieder auf, wenn du zurück bist.‹ Ich brauchte nicht lange zu warten und wurde vorgelassen zu einem Gestapomann. Das erste war: Er fragte nach meinem Ausweis. Dann: ›Sind Sie Halbarierin?‹ – ›Ja.‹ – ›Sie leben mit Ihrer jüdischen Mutter zusammen?‹ – ›Ja.‹ – ›Haben Sie ein Radio?‹ – ›Ja.‹ – ›Wissen Sie, daß Ihre Mutter nicht Radio hören darf?‹ – ›Ja.‹ – ›Wo hören Sie Radio?‹ – ›Auf dem Klo.‹.*

Ende der Konversation, und ich ging wieder nach Hause.

Um halb elf hab' ich Mutti aus dem Bett geholt, wir haben zusammen Kaffee getrunken und, ich glaube, nach der Erlösung und Entspannung sehr viel gelacht.«

So gern ich mich bei diesen Geschichten, die für sich selbst sprechen, eigener Interpretation enthalte: Auf der Gestapo-Dienststelle haben immerhin *erwachsene* Männer gesessen, die zudem noch genau Bescheid wußten darüber, daß Ursulas Bruder Peter zu der Zeit noch bei der Wehrmacht war. Ich bewundere heute noch ihre Geistesgegenwart.

* Bei Kriegsausbruch mußten Juden u.v.a. auch ihre Radios abgeben.

In Shanghai

Die chinesische Stadt am Wangpoo war wie auch Nanking 1937 von den Japanern überfallen und besetzt worden. Unter bestimmten Voraussetzungen bekamen Juden aus Deutschland die Genehmigung zur Einwanderung, und oft war das ihr letzter Ausweg. Sie galten als staatenlos, denn in Nazi-Deutschland hatte man ihnen die deutsche Staatsangehörigkeit aberkannt. Ich habe in meinem Buch berichtet, unter welchen Umständen mein Onkel Edgar und seine Familie nach ihrer erzwungenen Emigration aus Hamburg dort lebten.

Auch Ursula und ihre Mutter kamen dorthin. Ihre Situation war insofern besonders, als Frau G. in ihrem Paß das berüchtigte »J« hatte; sie durfte also das von den – mit Deutschland verbündeten – Japanern eingerichtete Ghettoviertel nicht verlassen. Die zwanzigjährige »halbarische« Ursula aber durfte »die Luft der Freiheit atmen« – was, wie sie selbst erzählen wird, sehr wörtlich zu nehmen war:

»Wenn ich auch nicht mehr allzuviel in der Hamburger Schule habe lernen dürfen, so kam es mir um so mehr zugute, daß ich privat Dänisch gelernt hatte. Ich bekam in Shanghai sehr schnell einen Job bei einer dänischen Familie mit zwei kleinen Kindern. Zum Glück hatte ich – noch – einen deutschen Paß ohne ›J‹ und bekam, als ›meine‹ Familie im Sommer ans Meer nach Tsingtau verreiste, von den Japanern ein Reisevisum, ohne das ich nicht hätte mitkommen können. Dort fiel mir eine französische Familie auf: Es sprach sich schnell herum, es waren Vichy-Franzosen* – und sie machten allerhand un-

* Vichy, 1940 bis 1944 Sitz der mit Hitler-Deutschland kooperierenden Regierung Pétain, die auch die jüdischen Flüchtlinge im nichtbesetzten Gebiet an die Nazipolizei auslieferte.

freundliche Bemerkungen in meiner Gegenwart. Sie mußten herausbekommen haben, daß ich deutscher Flüchtling war, obgleich ich ausschließlich dänisch sprach. Nachdem ich zweieinhalb Jahre dort war, erfuhr ich, daß eine deutsche Familie ein Kindermädchen suchte. Die Dame war Hamburgerin, mit einem Italiener verheiratet. Er war Repräsentant von ›Lloyd Triestino‹ und nach Hongkong versetzt worden. Als sich die politische Lage verschlechterte, schickte er seine Familie nach Shanghai, bis er von den Engländern interniert wurde. Nun kam das deutsche Konsulat für den Unterhalt der Familie auf. Nachdem ich ein halbes Jahr dort war, kam ein Brief vom Deutschen Konsulat: Wenn die Halbarierin nicht sofort entlassen würde, würden die Unterhaltszuschüsse gestoppt . . .«

Ursula wurde wieder von einer deutschen Familie engagiert. Immer aber war sie auch in Angst um ihren Paß, den sie in gewissen Abständen verlängern lassen mußte.

»Dazu gehörte ein Besuch auf dem deutschen Konsulat. Was diese Besuche anging, war meine Vorfreude nicht besonders groß – im Gegenteil, ich war immer froh, wenn ich mein Ziel erreicht hatte und mit der Paßverlängerung nach Hause kam. Ich war ja in dem Gebäude immerhin auf deutschem Boden – und konnte ich wissen, was den Kerlen dort einfiel? Man behandelte mich mit herablassender Freundlichkeit. Der gültige Paß war immerhin eine Existenzfrage. Dann wurde auch in Shanghai dafür gesorgt, daß die Staatenlosen in ein Ghetto – in den Stadtteil Hongkew – mußten. Das galt zunächst nur für die Mutter. Erst als ich meinen Mann Herbert heiratete, der auch dort leben mußte, mußte ich dorthin ziehen.

Dort gab es keinen Baum, keinen Strauch, keinen Platz, wo Kinder spielen konnten. Ich erinnere mich besonders an eine Familie mit zwei kleinen blonden, so blaß aussehenden Kin-

dern, die nicht nur unterernährt, sondern auch ohne Sonne und frische Luft aufwuchsen. Mir ging es gut, ich konnte gar nicht helfen – das war schlimm.
Ehe der Krieg zwischen Japan und Amerika ausbrach, versuchte Mutter immer noch, die Auswanderung nach Amerika zu betreiben.
Nun aber kamen neue Hindernisse: Peter war in der Deutschen Wehrmacht gewesen. Immer war man auf der verkehrten Seite.«
Eines Tages hat man Ursulas Paß nicht mehr verlängert. Es war ihr Glück, daß man ihr den nun ungültigen nicht abnahm.
»Ich ging natürlich trotzdem auf die Straße, was sollte ich tun? Ich verließ mich darauf, daß die Japaner an den Kontrollstellen eben nicht lesen konnten. Der Paß mit Hakenkreuz, meinem Bild und ein paar offiziellen Stempeln genügte ihnen, um mich frei in Shanghai herumlaufen zu lassen ... Wenn ich nicht immer das Elend in Hongkew hätte sehen müssen, ohne helfen zu können, wäre die ganze Emigration ein tolles Abenteuer für mich gewesen. Aber: Mutti war von Hungerdurchfällen geplagt, Herbert hatte entzündete Füße. Er war es, der sie vor dem totalen Verhungern rettete. Als wir hier in den USA ankamen, wog sie – und das bei ihrer Größe – ganze 90 Pfund.
Meine Arbeitgeber hatten ein Sommerhäuschen gekauft, außerhalb Shanghais. Wir verbrachten den heißen Sommer dort. Wie gern hätte ich die Kinder aus Hongkew dorthin mitgenommen und zusehen mögen, wie sie bei frischer Luft und gutem Essen aufgeblüht wären — aber es war unmöglich ...!«
Einmal war Ursula glücklicherweise nicht auf der »verkehrten Seite«:
»Als am 17. Juli 1945 der Fliegerangriff auf Hongkew kam, hatte ich das Glück, auf der ›richtigen‹ Seite zu sein. Als wir

die amerikanischen Flugzeuge hörten, schauten wir in den Himmel und freuten uns, daß die Amerikaner kamen. Aber dann flogen die Bomben und richteten soviel Schaden an – unter uns Emigranten, die ja ihre Freunde waren. Die Japaner hatten klug berechnet, daß sie das Ghetto in ihrer Industriegegend angelegt hatten! Ich war in einem Haus, das einen Volltreffer abbekam, und acht Menschen starben. Ich konnte mich mit vielen Schnittwunden durch Glassplitter und ein paar gebrochenen Rippen allein ausbuddeln und zu einer Unfallstelle laufen ...«

Das war der Angriff, bei dem mein lustiger Onkel Edgar ums Leben gekommen ist.

Ich habe in meinem Buch darüber berichtet.

* * *

Ursulas Bruder Peter, wie erwähnt Soldat bei der Deutschen Wehrmacht, wurde aufgrund des Rust-Erlasses vom 2. 7. 1942 als »Mischling« automatisch für »wehrunwürdig« erklärt und zur Zwangsarbeit in Frankreich verpflichtet. Als der Krieg dort zu Ende war, hatte er es schwer genug, den Siegermächten seine komplizierte Situation deutlich zu machen; so ist es übrigens nahezu allen ergangen, die als »Mischlinge« noch eingezogen worden waren. Meinem 1923 geborenen Bruder ist dieses demütigende Wechselbad erspart geblieben.

Peter lebt in Kanada. Als ich ihn bat, mir seine Geschichte aufzuschreiben, hat er sehr bestimmt abgelehnt: Er wollte und konnte nicht mehr darüber sprechen.

In der gleichen Situation befand sich aber auch Hermann Lange. Er lebt heute in München und beschäftigt sich u. a. mit der Geschichte der »Mischlings«-Schicksale. Er war bereit, diese »schizophrene« Variation zu schildern. Sein Bericht beginnt zu einer Zeit, als der Krieg beinahe zu Ende war; damals befand er sich im wahrsten Sinn des Wortes zwischen den Fronten.

Die Flucht des Hermann Lange oder: »Nje nado«

»Ich bin auf der Flucht aus dem Zwangsarbeitslager. Von der OT-Dienststelle*, die im Auftrag der Gestapo auf uns aufzupassen hatte, habe ich mir ein Fahrrad ›entliehen‹. Es ist Sonntag, der 15. April 1945. Ich befinde mich 30 Kilometer östlich von Leipzig und hoffe, in Kürze von den vorrückenden amerikanischen Truppen befreit zu werden. Wie kann ich wissen, daß Eisenhower beschlossen hat, seine Armee vor Elbe und Mulde anzuhalten?

Ich entwickle eine neue Strategie. Kamen die Amerikaner nicht zu mir, so mußte ich mich zu ihnen begeben. Ich radle westlich der Mulde nach Norden. Auf einem Feldweg, kurz vor dem Dorf Raguhn, stoppt mich ein junger Artillerieleutnant. Er ist sauer, weil er gerade von seinem Beobachtungsposten, einer Linde, heruntergeschossen worden ist. Mit meinen vierundzwanzig Jahren sehe ich aus wie ein Deserteur. Meine Erklärung, ich sei OT-Angehöriger und auf dem Weg zur OT-Zentrale in Berlin, hält er für ziemlich windig, wo doch im nächsten Dorf schon der Feind stehe. Zum Divisionsstab abgeführt, werde ich eingehend vom IC, dem für Abwehr und Spionage zuständigen Offizier, vernommen. Wie gut doch der militärische Apparat immer noch funktioniert! Der Generalstäbler erklärt sich schließlich uninteressiert an einem OT-

* Organisation Todt: halbzivile Bautruppe, die wichtige militärische Bauten, z.B. den sogenannten Westwall, ausführte.

Menschen und befiehlt: ›Hauen Sie ab, Mann. Nach Berlin geht es aber woanders lang.‹
Nun liege ich im Wald östlich der Mulde und überdenke die Lage. Die Hauptkampflinie ist kein so sicheres Gebiet für eine halb-illegale Person. Trotzdem, wenn ich im Versteck bleibe, kann ich Zeit gewinnen, bis die Amerikaner kommen. Sollte es zu ungemütlich werden, zu kalt oder zu kriegerisch, bleibt immer noch die Alternative, den Versuch zu wagen, nach Berlin durchzukommen. Was ich in der Einsamkeit meiner Waldlichtung nicht wissen kann, ist, daß an diesem Tage, in den frühen Morgenstunden des 16. April die sowjetische Großoffensive an der Oder und damit die Schlacht um Berlin begonnen hat. Drei Tage und vier Nächte kampiere ich in der Dübener Heide. Das Wetter ist gottlob freundlich, kein Aprilwetter, die Nächte sind recht mild. Meine Notverpflegung reicht. Ab und zu laufe ich etwas umher. Einmal ist der Durst so groß, daß ich mich in das nächste Forsthaus wage. Dort kann ich mich sogar rasieren.
Freitag, der 20. April. Von den Amis nichts zu sehen und zu hören. Ich pumpe die Reifen auf und trete in die Pedale. Ein herrlicher Frühlingstag, blühende Obstbäume an den Straßenrändern, Friede in der Landschaft. Ich träume von Ferienreisen, offenen Grenzen und Lydia, der Slowakin. Aber der Schein trügt. Die Abwehrfront im Osten ist zusammengebrochen. Russische Artillerie schießt nach Berlin hinein. Hitler erscheint, am Tage seines 56. Geburtstages, zum letztenmal in der Öffentlichkeit.
Das Problem ist, ungeschoren über die Elbe zu kommen. Mit Sicherheit werden da die Fangkommandos der Wehrmacht stehen. Ich will es ganz schlau machen und suche mir Pretzsch, ein Städtchen, von dem ich nie etwas gehört habe, aus, zwischen den großen Orten Wittenberg und Torgau. In

Torgau werden sich bereits fünf Tage später amerikanische und russische Soldaten die Hände reichen. Auf der Elbfähre in Pretzsch werde ich prompt von einer Offiziersstreife geschnappt. Alles Reden nützt nichts; hier wird jeder Mann gebraucht. Luftwaffensoldaten aus dem Süden, Marinesoldaten aus dem Norden, alles kommt hier vorbei Richtung Heimat. Als OT-Mann sei ich besonders geeignet zum Sprengen der Brücken. Ein forscher Hauptfeldwebel nimmt mich als willkommenen Zugang für seine entstehende Kompanie in Empfang. Später werde ich nachlesen können, daß hier ein Teil der 12. Armee aufgestellt wird, jener vielgenannten Armee Wenck, an die sich Hitlers letzte Hoffnungen klammerten. Der Spieß schickt mich zum Einkleiden. Ich bin dabei, mich mit meinem neuen Status abzufinden. Da läßt sich ein rundlicher Leutnant der Reserve, der gemütlich in einer Ecke sitzt, nochmals meine Geschichte, die ich jetzt schon recht fließend beherrsche, erzählen. Dann nickt er verständnisvoll und läßt mir, was ich nie zu hoffen wagte, einen Marschbefehl nach Berlin ausstellen. Jetzt bin ich legal! Keiner kann mich mehr aufhalten oder sonst was mit mir machen, denke ich. Noch am selben Abend verlasse ich den Ort Pretzsch.

Auf holperiger Landstraße quäle ich mich in die Nacht bis zum Dorf Jessen. Eine Bauersfrau, eine mittelgroße hagere Person, gewährt mir Quartier in ihrem leeren Stall. Sie gibt mir noch ein Stück Brot und sagt darauf unvermittelt: ›Der Jude ist schuld am Krieg.‹ Das haut mich um. Ich bin, schwer zu glauben, während der ganzen Nazizeit keinem persönlichen Judenhaß begegnet (nur bürokratischem). Und nun dies hier, am Vorabend des Zusammenbruchs des tausendjährigen Reiches!

Kaum zwei Stunden später ertönt die Sirene des Dorfes. Panzeralarm! Die Russen kommen. Ich breche sofort auf.

Zurück lasse ich einen Fünfmarkschein; von der Frau will ich nichts geschenkt haben. Mit großen Staubwolken kommt mir eine Autokolonne entgegen. Es sind die vollgepackten Mercedes-Dienstwagen der Berliner Ministerien und Parteiämter, deren Spitzen in dieser Nacht nach Süden flüchten. Ich überquere den Truppenübungsplatz Jüterbog. Hier lag ich anno neununddreißig als Nachrichtensoldat im Manöver, als ich noch dabei sein ›durfte‹. Ein Jahr später hat Hitler die unerwünschte Mischrasse aus seiner Wehrmacht ausschließen lassen. Die Kameraden von damals sind bei Stalingrad geblieben. Die Nacht ist klar und auffallend ruhig. Von deutschen Soldaten keine Spur. Ich muß wohl kurz vor den russischen Panzerspitzen herumkurven. Etwas weiter östlich wird die 9. Armee mehr und mehr eingekesselt, wie sich herausstellen wird. Nach 60 Kilometer durch märkischen Sand, aber mit Rükkenwind, komme ich gegen zehn Uhr bei meinem Marschziel an. Woltersdorf, ein kleiner Ort, fünf Kilometer nördlich von Luckenwalde.
Am Bahnhof Woltersdorf steht ein Zug mit dampfender Lokomotive abfahrbereit. Der letzte Zug nach Berlin. Ich überlege blitzschnell. Es zieht mich nach Hause zu den Meinen. Aber was nützt es, wenn ich in den Endkampf um Berlin gerate? Hier dagegen sieht die Lage so aus, als ob der ›Programmwechsel‹ sehr bald und schnell über die Bühne gehen würde.
Sonntag, der 22. April soll ein dramatischer Tag werden. Die Sowjets dringen in die Vororte von Berlin ein. Im Führerbunker bricht Hitler am Nachmittag zusammen, der Krieg sei verloren, alle hätten ihn verraten . . .
Durch Woltersdorf rollt den ganzen Tag Konjews 4. Gardepanzerarmee in Richtung Potsdam. In drei Tagen wird sich der Ring um Berlin geschlossen haben.

Unser Haus wird von oben bis unten untersucht. Im Keller durchstöbert ein kräftiger Sowjetsoldat auch noch den letzten Winkel ...«

Er stößt auf versteckte Uniformstücke, greift sich den »Zivilisten« und findet bei ihm ein Foto in Wehrmachtsuniform.

»Ich werde aus dem Haus gezerrt und auf einen Gartenstuhl gesetzt. Im Nacken spüre ich den Revolver. Die Waffe funktioniert nicht. Ich drehe den Kopf und sehe den Russen an der Trommel hantieren.

Ich muß einen Offizier sprechen. Auf meine Rufe kommt ein Leutnant, stellt die russische Standardfrage dieser Tage: ›Kto äto?‹ Wer ich sei. ›Ich komme aus dem Lager‹, antworte ich. Gut, daß ich genügend Russisch kann. Ich hole die Beweise aus dem Saum des Jacketts: Den Zettel, auf dem mein Lagerkamerad, der russische Kriegsgefangene Dimitri K. aus Wologda, mir meine Zuverlässigkeit bescheinigt hat, und das Paßbild, das die Gestapo von mir gemacht hatte, eine Art Verbrecherfoto mit großer Registriernummer 3411. Das Bild tut seine Wirkung. Der Leutnant befiehlt meinem Verfolger: ›Nje nado.‹ Erschießen nicht nötig. Die beiden russischen Worte werde ich nie vergessen.

Ich muß einen Blackout gehabt haben. Wie ich wieder zu mir komme, marschiere ich inmitten deutscher Kriegsgefangener die Dorfstraße hinunter. Ich werde einem Stabsoffizier vorgeführt, einem gutgewachsenen Mann in tadelloser Uniform, der fließend Deutsch spricht. Er versteht meine Situation und gibt mir sogar einen wohlgemeinten Rat: ich solle mich als Jude ausgeben. Solche faschistischen Feinheiten wie Halb- oder Vierteljuden würde kein russischer Soldat kapieren. Als Jude dagegen würde ich nicht als Deutscher angesehen und zufriedengelassen werden. Denn Juden seien eine eigene Nationalität in der Sowjetunion. Damit bin ich entlassen.«

Herr Lange schildert die beängstigende Situation, in der russische Soldaten nach Alkohol und Frauen suchen.
»In der Nacht vom 30. April auf den 1. Mai weckt uns Gefechtslärm. Stalinorgeln heulen. Ganz in der Nähe schlagen sich Reste der 9. Armee nach Westen durch. Vor den Feiern der Russen zum 1. Mai haben wir so unsere Befürchtungen. Diesmal werden wir angenehm enttäuscht. Sowjetsoldaten bewirten uns mit Brot, Ölsardinen und Wodka. Wir feiern gemeinsam im Garten. Die Sonne scheint. Hitler soll sich erschossen haben.
Am Donnerstag, dem 3. Mai 1945 beginnt das letzte Kapitel meiner abenteuerlichen Reise. Die Reichshauptstadt hat kapituliert. Mich plagt die Sorge um meine Leute in Berlin. Ich bilde mir ein, ich könne von den Russen einen Passierschein, Propusk genannt, nach Berlin bekommen. Auf der Kommandantur in Luckenwalde bete ich meinen Vers herunter und berufe mich darauf, wie ich es gerade gelernt habe, daß ich Jude sei. Der Kommissar oder was der Mann darstellt, zeigt eine für mich überraschende Reaktion: ›Juden müssen bei uns dienen.‹ Er sagt ›slujitj‹, dienen, ich habe mich nicht verhört. Wie man weiß, ist Widerspruch unter solchen Umständen unangebracht. Als erste Diensthandlung muß ich den Hof picobello fegen.
Draußen zieht der sowjetische Heerbann vorbei, eine Armada von T 34- Tanks, überladen mit Männern, Frauen, Benzinfässern, Waffen und Gerätschaften aller Art. Ein unheimliches Schauspiel und ein Dröhnen, das Straßen und Häuser erschüttert. In der Kommandantur feiern befreite amerikanische Kriegsgefangene Wiedersehen mit Landsleuten, Kriegsberichtern der US-Armee, die einen Abstecher nach Berlin gemacht hatten.
Am nächsten Morgen bekomme ich ein Gewehr in die Hand

gedrückt, einen deutschen Karabiner 98k, und werde mit dem Gerät vertraut gemacht. Das Ganze dauert keine fünf Minuten. Ich werde der Begleitmannschaft eines Kriegsgefangenentransportes zugeteilt. Wir marschieren auf staubiger Straße von Luckenwalde nach Süden. Mir geht durch den Kopf, welch wechselnde Rollen ich in den letzten drei Wochen bestritten habe: Hilfsarbeiter in Gestapo-Gewahrsam, Flüchtling mit unzureichenden Papieren, als Pionier eingezogen, als Panzersoldat gefangengenommen und beinahe erschossen, jetzt eine Art Hilfswilliger der Sowjetarmee. In dieser Funktion fühle ich mich alles andere als wohl; sie soll auch nur von kurzer Dauer sein. Zunächst setze ich mich an den Schluß der Marschkolonne, um möglichst wenig als Bewacher der deutschen Soldaten auftreten zu müssen. Neben mir marschiert ein befreiter Pole, wie ich in Zivilkleidern, nur hat er sich aus Übermut eine braune SA-Dienstmütze aufgesetzt.

In Jüterbog wird das Begleitpersonal gewechselt. Dabei falle ich dem russischen Wachhabenden irgendwie auf. Er entscheidet, daß ich nicht ein russischer Jude sei, sondern ein deutscher Zivilgefangener. Ausschlaggebend hierfür ist, daß ich auf die Frage ›Wo geboren?‹ nicht etwa Minsk geantwortet habe, sondern wahrheitsgemäß Berlin. Das Gewehr bin ich ebenso schnell wieder los, wie ich es erhalten habe. Meine Landsleute wundern sich über ihren neuen Mitgefangenen. Weiter geht es, und nach einem Tagesmarsch von vierzig Kilometern wird kurz vor dem Städtchen Dahme in einer Scheune übernachtet.

Zwar erleichtert, nicht mehr zur Roten Armee zu gehören, kann ich aber meinem neuen Status auch keinen Geschmack abgewinnen. Wenn ich nicht bald loskomme, denke ich, lande ich noch sonstwo fern im Osten. Zu essen bekommen wir nichts; um jedes Stück Brot, das Frauen am Wegesrand herreichen, entbrennt ein Streit unter den erschöpften Landsern. Gegen Mittag rasten wir auf einem Bauernhof. Das Eingangstor wird von zwei russischen Posten bewacht. Hühner gakkern, und die Posten jagen ihnen sofort hinterher. Die Gelegenheit ist günstig. Ich schlüpfe durch das Tor. Draußen auf dem Dorfanger finde ich mich umgeben von einer Unzahl russischer Soldaten. ›Woina kaput‹ und ›Ty damoi‹ rufen sie mir zu. ›Der Krieg ist aus, und du darfst nach Hause.‹ Offensichtlich bin ich frei. Schlendernd mache ich mich davon.

Der Rest ist schnell erzählt. Am Abend des 6. Mai bin ich zurück in Woltersdorf. Auf Feld- und Waldwegen habe ich mich durchgeschlagen, den Hunger gestillt mit einer Büchse Mischgemüse, kalt und ungesalzen genossen. Am 8. Mai kommt die Nachricht von der deutschen Kapitulation. Ich höre im Radio die große Rede Churchills. Sein ›Lang lebe die Sache der Freiheit!‹ geht mir, ich gestehe es, zu Herzen. Am nächsten Tag sitze ich wieder auf meinem OT-Fahrrad, diesmal in Richtung Heimat. Unser Haus am Gräfenbergweg steht noch. Während der Kämpfe hat es einen sowjetischen Bataillons-Gefechtsstand beherbergt. An einem dieser Tage holte ein junger Leutnant die Mutter aus dem Keller, zog sie vor den Globus, der in meinem Zimmer stand, zeigte zuerst auf die große Fläche der Sowjetunion, dann auf das winzige Deutsche Reich und sagte schlicht: ›Gitler verrückt!‹«

BEGEGNUNGEN UND IHRE HILFREICHEN FOLGEN

Inzwischen war es in unserem Land üblich geworden, Emigranten in ihre jeweilige alte Heimatstadt einzuladen. Zum erstenmal erfuhr ich davon durch einen Artikel, der am 10. Mai 1984 in der »Welt« erschien:

»*Auf Besuch ohne Bitterkeit die Vergangenheit gefunden*

Es ist schön, daß in dieser Stadt wieder gilt, was über dem Rathausportal steht: ›Die Freiheit, die die Vorfahren erwarben, möge die Nachwelt würdig bewahren‹, sagte Siegfried Tand aus London. Es war der Dank für die Einladung des Hamburgers in seine Vaterstadt. Zum siebtenmal wurden gestern ehemalige jüdische Mitbürger im Kaisersaal des Rathauses empfangen und mit einem Senatsfrühstück bewirtet ... Dreißig Gäste waren dieses Mal aus England, den Vereinigten Staaten und aus Israel gekommen ... Für Goldie Abt ist Hamburg nur die erste Station ihrer Deutschlandreise. Sie wird nach dem Aufenthalt an der Elbe von ihrer Tochter abgeholt, die in Freiburg lebt ...«

Die erwähnte Frau Goldie Abt fand, wie alle Gäste der Stadt Hamburg, als Gastgeschenk mein Buch vor – übrigens ein Umstand, der mich sehr glücklich machte. Sie las, daß ich in Freiburg lebe. Das fügte sich gut, denn ihre Tochter Roslyn, Professorin an der amerikanischen Wayne State University in Detroit (Michigan), war im August 1983 auf ein Jahr in die Breisgau-Metropole gekommen, mit ihrem Mann, Professor Marvin Schindler, der an derselben Universität lehrte. Er war

Direktor des »Junior Year Program« in Deutschland und leitete auch in diesem Jahr (1983/84) das Studienprogramm für amerikanische Studenten in Freiburg.
Roslyns Hauptforschungsgebiet: die Nachkriegsliteratur über den Holocaust in Deutschland. So war auch mein Buch für sie wichtig. Fortan arbeiteten wir oft zusammen. Über mein Buch wird eine Arbeit von ihr erscheinen: »Historical Consciousness and a Sense of (Re)discovery«. 1990 veröffentlichte sie: »The Writings of Ralph Giordano and Ingeborg Hecht: Toward a new Enlightenment.« Schon 1987 war eine Arbeit von ihr über Lotte Paepckes Buch *Ein kleiner Händler, der mein Vater war,* die Geschichte eines jüdischen Kaufmanns und Stadtrats aus Freiburg*, erschienen.

* * *

Im August 1984 war ich zum erstenmal bei einem solchen Senatsfrühstück in Hamburg in unserem schönen Rathaus dabei. Es war 1897 eingeweiht worden und mit der würdigen Inschrift versehen, die eben zitiert worden ist. Von 1933 an galten jene goldenen Buchstaben nicht mehr: Viele Menschen jüdischer Herkunft haben die Hansestadt Hamburg mit gestaltet – *ihre* Freiheit zu erhalten, danach hat man zwölf Jahre lang nicht mehr getrachtet . . .
Aber jetzt bemühte man sich sehr.
Die »kleine Inge« und ich hatten an diesem Mittag viele bewegende Begegnungen. Denn natürlich fielen viele Hamburger Namen; man fragte sich gegenseitig nach alten Freunden und Bekannten, erfuhr viel Schlimmes, aber auch viel

* Lotte Paepcke: Ein kleiner Händler, der mein Vater war. Gütersloher Verlagshaus Gerd Mohn, Gütersloh 1978

Verbindendes. Da waren Gäste, die meine Eltern noch gekannt hatten, und manches hat sich nacherleben lassen.
Zu den Besuchern gehörte auch das Ehepaar Esther und Ernst Mayer aus Haifa. Ernst war Lehrer an der Talmud-Thora-Schule gewesen, Esther stammte aus einer Freiburger Familie, und ich traf beide eine Woche später wieder – denn auch in meiner Wahlheimat veranstaltete man auf diese freundliche Weise Wiederbegegnungen. Ein kleiner Gedankensprung: Am 10. April 1989 strahlte der NDR einen sehr bewegenden Film von Renate Zilligen aus: »Ein Ort, den ich verlassen mußte – Jüdisches Leben am Grindel«. In diesem Film sah ich Ernst wieder, er erzählte aus jenen Hamburger Zeiten. Aber da gab es auch eine Stelle, die mich anging. »Ich habe dabei an Sie gedacht. Sie werden schon merken, was ich meine«, hatte Frau Zilligen mir gesagt. Als ich den Film dann sah, war ich gerührt: Die Kamera war auf eine kleine Kellerkneipe in der Grindelallee gerichtet, die in meinem Buch eine traurig-makabere Rolle spielt, und dazu lief eine Melodie, an die ich in jener Szene erinnert habe: »Heimat, deine Sterne . . .«

* * *

Im Rathaus lernte ich auch Ursula Randt kennen, die die Geschichte der jüdischen Mädchenschule in der Carolinenstraße geschrieben hatte*, Erinnerungen, für die ihr sehr viele Menschen dankbar sind. Eine Begegnung im Jahre 1977 hatte diese wichtige Arbeit ausgelöst. »Ich bin Sonderschullehrerin für Sprachbehinderte«, schrieb sie in der Einführung.
»Seit mehr als sechs Jahren arbeite ich an dieser Schule, und ich

* Ursula Randt: Carolinenstraße 35. Geschichte der Mädchenschule der Deutsch-Israelitischen Gemeinde in Hamburg 1884–1942. Selbstverlag Verein für Hamburgische Geschichte, Hamburg 1984

kannte jeden Winkel des Hauses vom Keller bis zum Boden. Bald sollten wir es verlassen und in ein neues, modernes Gebäude ziehen. Mitten im Trubel stand plötzlich eine kleine alte Dame vor mir und sprach mich an. Ich hatte sie niemals vorher gesehen, und ebensowenig kannte sie mich. Sie sprach mit sichtlicher Bewegung: ›Stellen Sie sich vor‹, sagte sie, ›dies ist meine alte Schule. Ich habe sie von 1909 bis 1918 besucht. Wissen Sie, daß dies eine jüdische Mädchenschule gewesen ist?‹«

Frau Randt erfuhr nun in sehr wenigen Worten von dem entsetzlichen Schicksal der meisten Kinder, auf das das Schlußdatum des Buches hinweist: 1942. Die kleine alte Dame: »Ich bin durch alle Stockwerke gegangen. Ich habe gedacht, irgendwo wäre vielleicht ein Hinweis auf unsere Schule zu finden, irgendein Zeichen der Erinnerung . . .«

Ursula Randt hat dann ihr Buch geschrieben.

* * *

Beim Senatsfrühstück hatte ein Redner darum gebeten, so viele Schicksale als möglich niederzuschreiben. Im Jahr 1989 habe ich dann ein solches Erinnerungs-Buch geschenkt bekommen: *Fremd in der eigenen Stadt.**

Erwartungsvoll blättert man so ein Buch durch, sucht nach bekannten Namen. Und ich fand den von Lieselotte Rosenmeyer: »Als Mischling ersten Grades – chancenlos«.

Ihr Mann Thomas kommt, als Sohn meines Großonkels Kurt, in meinem Buch vor. Da habe ich das Schicksal seiner Mutter,

* Charlotte Ueckert-Hilbert (Hrsg.): Fremd in der eigenen Stadt. Erinnerungen jüdischer Emigranten aus Hamburg. Junius-Verlag, Hamburg 1989

das mit dem unseren eng verwoben war, geschildert. Was ich nun hier las, ergänzt die Erlebnisse der jungen Emigrantinnen, die nach England fliehen konnten und die dort in die bürokratische Mühle des Kriegsbeginns gerieten – als »feindliche Ausländer«.
Lieselotte, Jahrgang 1920, war die Tochter eines jüdischen Arztes und seiner christlichen Frau; sie hat ihre beiden Töchter in ihrer Religion erzogen.

»Feindliche Ausländerin«

». . . beim Schulabschluß im Jahre 1937 wußte ich, daß ich als ›Mischling ersten Grades‹ keine Zukunft in Deutschland haben konnte. Lehrstellen, Ausbildungen jeder Art waren uns verschlossen. Ich verbrachte dann ein Jahr in der Haushaltungsschule bei den Herrnhutern in Königsfeld im Schwarzwald. Die verständnisvolle und liebe Schwester Peters fragte nicht, ob man rassisch akzeptabel wäre. Mein Jahr dort blieb mir immer noch in bester Erinnerung. Es gab dort viele Mädchen aus dem Ausland . . . Ich wurde zusammen mit den Ausländerinnen vom nationalpolitischen Unterricht ausgeschlossen, was uns noch mehr verband. Im April 1938 ging ich zurück zu meinen Eltern nach Hamburg . . . Die Nürnberger Gesetze machten uns das Leben von Tag zu Tag schwerer. So beschloß ich auf Einladung einer englischen Freundin . . . zu ihr nach London auf Besuch zu gehen . . . Meinem Vater wurde um diese Zeit sein Doktortitel genommen, und das Namensschild verschwand von der Hausmauer. Unser tägliches Leben wurde immer schwerer und unangenehmer. Ich wollte frei sein und sah keine Zukunft für uns im Hitler-Deutschland. Ich gehörte damals dem ›Verein nichtarischer

Christen‹ an und kam zusammen mit einer Anzahl von jungen Menschen, die so dachten wie ich. Am 20. Oktober 1938 fuhr ich mit dem Hapag-Dampfer ›Southampton‹ nach England.

... Das war auf viele Jahre das letzte Mal, daß ich meine Eltern sah. Ich verbrachte schöne Ferien in England. Die Menschen und die ganze Atmosphäre schienen mir so frei und so anders als in Deutschland. Dann ging Chamberlain nach München, und ich wußte, daß ich nicht mehr zu meinen Eltern zurückfahren wollte. Ich rief an und erklärte, ich würde in England bleiben und mich als Krankenschwester ausbilden lassen – einer der wenigen Berufe, die ich in meiner Mittellosigkeit wählen konnte. Denn als Hausangestellte wollte ich nicht arbeiten.

Ich überredete meine Eltern, meine kleine (10jährige) Schwester mit dem nächsten Kindertransport zu mir zu schicken, ich würde eine Familie für sie finden. Schweren Herzens willigten sie ein. Damals verstand ich das Zögern meiner Eltern nicht. Nur viel später, als ich selbst ein zehn Jahre altes Mädchen hatte, ging es mir auf, wie entsetzlich schwer der Entschluß für meine Eltern gewesen sein muß.

Ich fand durch eine Flüchtlingsorganisation, ›Wobourne House‹, in London eine Familie. Im Frühjahr 1939 kam meine Schwester als eine der letzten an, mit einem kleinen Koffer und einem Rucksack, aus dem ihr liebster Teddybär herausguckte. Da gab es viele Tränen. Ich war damals schon im ersten Stadium meiner Schwesternausbildung im Wembley Hospital und bekam fast jeden Tag einen Anruf mit der Frage, wann sie wieder zurück zu den Eltern gehen dürfe. Eine schwere Zeit für uns beide; nur langsam beruhigte sie sich.

Der Krieg brach aus, und wir Refugees im Krankenhaus wurden im Handumdrehen entlassen; wir seien doch ›enemy

aliens‹. Wir konnten nicht verstehen, wie man uns das antun konnte. Mit Hilfe von Sonderausschüssen – ›tribunals‹ – wurden alle Deutschen und Österreicher in Großbritannien in drei Klassen eingeteilt. Klasse A bedeutete: gefährlich; die so Beurteilten wurden sofort interniert. Ich kam in die Kategorie C der Ungefährlichen. Im Frühjahr 1940, nach dem Rückzug der Engländer aus Dünkirchen, wurden fast alle Männer in den drei Kategorien auf der Isle of Man interniert. Viele von ihnen wurden dann nach Kanada oder Australien verfrachtet. Mein heutiger Mann, Thomas Rosenmeyer aus Hamburg, war einer von denen, die nach Kanada abgeschoben wurden. Wir Flüchtlingsschwestern waren in großen Privathäusern untergebracht und bekamen ein wenig Taschengeld vom Refugee Committee. Im Parlament wurde über unser Los diskutiert, die Frage war, ob sich Spione unter uns befänden . . .«
Als Lieselotte dann doch ihr Studium beenden konnte und als beste Studentin eine Goldmedaille bekam, kommentiert sie: »Endlich eine Anerkennung. Ich wurde dann noch . . . als Hebamme ausgebildet und liebte den Beruf sehr.«
Lieselotte beschreibt das Glück, wenn sie – selten genug – über das Rote Kreuz Nachrichten mit bis zu 25 Wörtern bekam, die anzeigten, daß die Eltern am Leben waren. Es schließt sich der Kreis zu meinem ersten Buch, wenn sie schreibt: »Meine Eltern verloren alles, was sie noch besaßen, in der schrecklichen Bombennacht von 1944. Eine gute Freundin und ehemalige Patientin meines Vaters, Elisabeth Flügge, nahm meine Eltern zu sich in ihr Haus. Sie durften bis zum Ende des Krieges bei ihr wohnen.« Jene Frau Flügge war meine Lehrerin gewesen; ich habe über sie berichtet und auch, daß man ihr – als einer Frau, die vielen geholfen hat – in der »Allee der Gerechten« in Jerusalem ein Johannisbeerbäumchen gepflanzt hat, in Yad Vashem.

Vom Wiederfinden

Im Februar 1985 erreichte mich in Freiburg ein Brief aus allerfernster Vergangenheit:

»Liebe Ingeborg,

ob ich Dich noch immer duzen darf, weiß ich nicht. Früher nanntest Du mich Evchen, aber das ist lange her. Ich will von vorn beginnen. Auf meiner Wanderung durch die Hamburger Buchläden fiel eines Tages mein Blick auf ein Buch von Dir: ›Als unsichtbare Mauern wuchsen‹. – Sofort erkannte ich das Bild auf dem Umschlag*, das schöne Haus am Frauenthal, in dem ich so oft schon als Kind mit meiner Mutter zum Kaffeeklatsch eingeladen war. Ich war so aufgeregt, als ich das Buch sah, nahm es mit nach Hause und las es glatt durch. Welche Erinnerungen, die ganze Nacht konnte ich nicht schlafen. Aber erst will ich mich mal vorstellen: Mein Vater war Dr. Adolf Calmann, Bruder Deiner Großmutter Hanna. Und ihr alle seid in seiner Klinik geboren, wie Du schreibst ...«

Ach, Evchen, ob Du mich duzen darfst? Es ist so beglückend, daß noch jemand überlebt hat aus jenen frühesten Zeiten, als wir noch Kinder waren ... Als sie wieder in mein Leben trat, tauchte so vieles andere mit auf, vor allem der Beginn der schlimmen materiellen Sorgen, als die Praxis des Vaters durch die Verordnungen eingeschränkt und dann geschlossen wurde – Sorgen, aus denen die hilfreichen Verwandten, die Calmanns, immer mal wieder herausgeholfen haben. Und gerade diese Kusine, nur wenige Jahre älter als ich, habe ich immer hemmungslos bewundert: Sie nannte einen roten stromgetriebenen »Mini-Stadtwagen« ihr eigen! Ein »Privatauto«! Wer

* Auf der gebundenen Ausgabe ist das Elternhaus meines Vaters abgebildet, Frauenthal Nr. 7.

hatte schon etwas so Unerreichbares? Wir gerieten höchstens in ein Taxi, wenn wir ins Krankenhaus gefahren wurden, zur Blinddarmoperation oder auf die Diphtherie-Station. Krankheiten verschafften uns also den Autogenuß, der unter *den* Umständen natürlich keiner war.
»Was du so in Erinnerung hast«, sagte Evchen, als ich sie kurz darauf in Hamburg wiedersah – nach über vierzig Jahren, »was du so in Erinnerung hast! Meine Eltern haben mich doch in dem kleinen Ding niemals allein fahren lassen. Immer mußte der große Bruder dabei sein, scheußlich!«
Relativitätstheorie, liebes Evchen. Die »arme Verwandte« war immer voll heißer Bewunderung für dieses »kleine Ding«.

* * *

Es sind viele Briefe eingetroffen aus der Vergangenheit, von Schulfreundinnen, von Nachbarn. Als aber ein Brief aus Essen kam, aus einem Altenheim, geriet ich wirklich aus dem Häuschen: Da schrieb Emmi, das Kindermädchen; sie war vierundzwanzig Jahre alt gewesen, als sie uns verlassen mußte. Nun konnte ich sie besuchen und ihren Achtzigsten mit ihr feiern.
»Das eindrucksvollste, liebste Emmi«, sagte ich, als ich sie umarmte, »ist eigentlich, daß deine Stimme so klingt wie früher.«

* * *

»Möchtest du«, fragte Thomas Held im Sommer 1985, »bei uns an der Universität lesen?«
»Ich – an der Hamburger Universität?«
Man muß sich das vorstellen: Ich habe nichts lernen dürfen, folglich auch niemals ein Examen gemacht, und nun wurde ich als »ungelernte Arbeiterin« auf ein akademisches »Lehrstühlchen« eingeladen – in den Kokoschka-Hörsaal im »Phi-

losophenturm«; er lag in der Nähe der Dillstraße mit den einstigen »Judenhäusern«. Es war schon ein seltsames Gefühl, auch der Genugtuung.

Der Anlaß dieses Abends war eine Gedenkveranstaltung für den damals jüngst verstorbenen akademischen Lehrer von Thomas, den Diplomsoziologen Ernst W. Schepansky; er hatte seinem Arbeitskreis den Schwerpunkt »Fremde – Minoritäten – Außenseiter« vorgegeben. Und dazu paßte unsere Geschichte.

Nach der Lesung regte die Gastgeberin, Professorin M. E. Hille, Gespräche an. Zum Schluß erhoben sich vier Herren, die deutlich aus dem studentischen Alter heraus waren, und fragten unisono: »Wie geht es Ihrem Bruder Wolfgang? Wir sind seine Klassenkameraden.«

Ich glaube, daß das ganze Auditorium spürte, was dieser Augenblick an Rührung enthielt. Es wurde eine Begegnung, die noch sehr aufwühlende Folgen haben sollte: Ich habe im Buch beschrieben, wie strikt mein Bruder die Vergangenheit aus seinem Leben verbannt hatte. Er lebte in Mittelamerika, und in jener Welt war Deutschlands Vergangenheit ohnehin kein Thema. Als diese alten neuen Freunde mich wissen ließen, daß sie ihn allzu gern einladen würden, wußte ich im voraus: das Ansinnen würde ihn sehr bewegen, aber er würde es ablehnen. Er war nicht gesund, es ging ihm geschäftlich nicht gut. Aber eines Tages, im April 1988, ist er doch gekommen. Vorher hatte er sehr beunruhigt geschrieben: »Wir kennen uns doch gar nicht mehr, die Schulkameraden und ich.« Als wir ihn aber am Flughafen abholten – als er die Freunde dort stehen sah, mit strahlenden Gesichtern und wunderschönen Blumen –, hat sich bei ihm spontan eine Zuversicht eingestellt, die dann nicht mehr enttäuscht worden ist. Es wurde eine besonders schöne Woche in Hamburg. Die Freun-

de sprachen miteinander, es gab nichts zu verdrängen, die Befangenheit, die in so vielen Fällen gar nicht zu überbrücken ist, legte sich bald. In dieser Woche hat die Begegnung mit seiner Vergangenheit ihm ein neues Lebensgefühl gegeben.
»Mit seinem Kommen«, sagten die Freunde, »hat er etwas für uns getan, nicht wir für ihn.«

Fränzi – »Hitler could not tear the roots of friendship«

Am 2. Dezember 1938 war unsere Wanderfreundin und meine Klassenkameradin Fränzi mit einem Kinderschiff nach England abgereist. Sie war siebzehn Jahre alt. Ihre Eltern blieben zurück – und wurden deportiert. Die letzte Nachricht über sie kam von meinem Vater. Er schrieb aus Theresienstadt, er solle uns von ihnen grüßen.
Aber an Fränzi konnten wir diese Nachricht nicht weitergeben. Seit dem Kriegsausbruch standen wir nicht mehr in Verbindung. Seit Kriegsende haben wir versucht, »unsere Fränzi« wiederzufinden. Inges und meinen Mädchennamen gab es nicht mehr, sie hätte uns also nicht ausfindig machen können.
1978, im November, erhielt ich einen aufgeregten Anruf aus Hamburg: Die »kleine Inge« hatte einen Fernsehfilm gesehen über die Kinderschiffe von damals.
»Ich habe Fränzi erkannt.«
Der NDR war sehr hilfsbereit. Inge bekam ein Standfoto. Und wieder versuchten wir, Fränzis Spuren zu verfolgen, ergebnislos.
Im Sommer 1988 las im englischen Welwyn Garden City Mrs. Ursula M. die *Unsichtbaren Mauern*. Sie hatte das Buch in einer Leihbücherei entdeckt, und sie war mit mir in die Schule

gegangen. Wieder hatten wir eine »verlorene« Freundin gefunden.
Ursula wußte, wo Fränzi war: in Merrick, im Staat New York. Wir waren überglücklich.
Fränzi schrieb:
»Daß wir drei uns wiedergefunden haben, ist, als ob mir ein wertvolles Stück von zu Hause zurückgegeben wurde.«
Inge flog im September zu ihr. Im »MERRICK LIFE – the community newspaper« erschien unsere Geschichte. Die Journalistin Olga Drucker, einst ebenfalls mit einem Kinderschiff aus Deutschland geflohen, hatte beide Freundinnen ausführlich interviewt. Auf zwei Fotos blickten sie mich an: als Siebzehnjährige und heute. Darunter stand: »Hitler could not tear the roots of friendship.«
Ich habe der »kleinen Inge« jene Originalkarte aus Theresienstadt mitgegeben. Sie gehört Fränzi.

* * *

Fränzi und ihr Mann Eddi wollten niemals in das Land zurückkehren, dessen Machthaber einen Teil ihrer Familien ermordet und ihnen die Heimat genommen hatten. Daß sie im Mai 1990 dennoch gekommen sind, bedeutete für sie eine übermenschliche Überwindung. Aber sie wollten die wiedergefundenen Freunde nun doch treffen, und ich konnte nicht in ein Flugzeug steigen.
In dieser Woche beging die »Gedenk- und Bildungsstätte Israelitische Töchterschule« in der Karolinenstraße ihr einjähriges Bestehen. Das Motto ihrer Veranstaltungen: »Erinnern für die Zukunft«. Ich wurde aus diesem Anlaß zu einer Lesung geladen. Das war für mich, die ich hier niemals zur Schule gegangen bin, sehr ehrenvoll. Denn die Stätte war gegründet worden »Im Gedenken an die ehemaligen Schüle-

rinnen, Lehrer und Lehrerinnen, die in den Konzentrationslagern ums Leben kamen.« – An diesem 28. Mai sind Fränzi und ihr Mann dabeigewesen, trotz der schlimmen Erinnerungen, die das Heraufbeschwören unserer gemeinsamen Jugend in ihnen wecken mußte. Aber für sie war dieses Erinnern vielleicht auch ein kleines Stück Erlösung.

Die Begegnung mit Joseph Walk

Im März 1985 – ein Jahr nach dem Erscheinen des Buches – bekam ich einen Brief, der mich überrascht und verständlicherweise besonders beglückt hat. Er kam von Professor Joseph Walk aus Jerusalem. Walk hatte das *Sonderrecht für die Juden im NS-Staat* zusammengestellt – das Werk, das mich 1982 inspiriert hatte, unser Leben im Spiegel dieser Sondergesetze zu schildern.* Er schrieb:
»Durch einen Hamburger (›arischen‹) Lehrer erhielt ich dieser Tage Ihr Buch als Geschenk und habe es sofort – in einem Atemzug – gelesen. Brauche ich Ihnen zu sagen, welch große innere Befriedigung ich empfand, als Jude, Mensch und langjähriger Erzieher, daß mein ›Sonderrecht‹ Sie zu dieser Publikation veranlaßt hat! Schon bei der Vorstellung (1981 in Bonn) wurde seinerzeit der Wunsch laut, die nüchternen Anordnungen durch Einzelschicksale zu veranschaulichen, um aufzuzeigen, wie sich diese Gesetzgebung im Alltag der ›Nichtarier‹ auswirkte. Als kleinen Dank lege ich Ihnen eine Ablichtung der Ansprache bei, die ich 1981 in Bonn gehalten habe.«
Die erwähnte Buchvorstellung fand damals in Anwesenheit

* Joseph Walk (Hrsg.): Das Sonderrecht für die Juden im NS-Staat. C. F. Müller, Juristischer Verlag, Heidelberg, Karlsruhe 1981

von Dr. Jürgen Schmude statt; er schrieb mir später zu jener Sammlung des Sonderrechts: »Das Schicksal der Menschen, denen dieses Netz und seine tödlichen Begleitumstände galten, muß man sich dazu vorstellen.« Eben das war schwer, es wird schwer bleiben – und um dieses schwierige Unterfangen habe ich mich bemüht.

* * *

Im Juni 1990 ist Professor Walk auf einer Vortragsreise durch Deutschland auch nach Freiburg gekommen. Ich habe mit ihm, dessen bewundernswürdige Fleißarbeit mein Buch überhaupt erst ausgelöst hat, eine schöne Teestunde verbringen dürfen. An diesem Abend hat er im vollbesetzten Saal der Israelitischen Gemeinde über Friedensbestrebungen in Israel berichtet.

DIE REISE NACH AMSTERDAM

Der »ANNE FRANK-Anerkennungspreis«

An einem Junitag des Jahres 1985 bekam ich einen Brief aus Basel von Dr. Vincent C. Frank-Steiner: »Herzliche Gratulation«. Voller Staunen, Unglauben und Freude las ich eine beigefügte Pressemitteilung:

»Der ›ANNE FRANK-Literaturpreis‹ geht 1985 an Ida Fink für ihr Werk *Eine Spanne Zeit*, erschienen 1983 auf deutsch im Unionsverlag, Zürich ... Der ... Literaturpreis wird vom ›ANNE FRANK-Fonds‹ erstmals vergeben für ein Werk, das dem Sinn und Inhalt des Tagebuchs der *Anne Frank* in unserer Zeit am nächsten kommt. Die Ermittlung des Preisträgers erfolgte durch eine internationale 16köpfige Jury.

... Der Stiftungsrat ... hat außerdem beschlossen, folgende Autoren mit dem ›ANNE FRANK-Anerkennungspreis‹ ... auszuzeichnen: Klaus-Peter Wolf für *Die Abschiebung oder Wer tötete Malmut Perver?* (Benziger, Zürich), Alexander Ramati für *Der Assisi-Untergrund* (Lev Roitmann, München) und Ingeborg Hecht für *Als unsichtbare Mauern wuchsen* (Hoffmann und Campe, Hamburg). Die Preisverleihung erfolgt am 5. September 1985 durch den Bürgermeister der Stadt Amsterdam.«

Wenn man über dreißig Jahre aus seinem Refugium nicht herausgekommen ist und sein Leben darauf ausgerichtet hat, empfindet man so eine Nachricht als im wahrsten Sinne des Wortes umwerfend. Ich rief die »kleine Inge« in Hamburg an.

»Also«, sagte sie, »fahren wir nach Amsterdam.«
»Ob ich das schaffe?«
»Du hast drei Monate Zeit, dich darauf einzustellen«, befand die Freundin.
Am selben Tag – die Nachricht hatte auch in den Zeitungen gestanden – kamen die freundlichen Gratulationsanrufe. Wie ein Gruß meines Mannes mutete mich ein Telegramm von Dr. Hilde Claassen aus Hamburg an; Hanns Studniczka hatte manchmal für den Claassen Verlag gearbeitet. Meine Freundin Ruth G. war bereit, mitzukommen. Sie wohnt im Hotzenwald, wo man einen geländegängigen Wagen braucht.
»Diesesmal ist mein Range Rover dein Zuhause«, sagte sie.

* * *

Das war, von einer Klassenfahrt nach Kopenhagen in den dreißiger Jahren und von kleinen Elsaßfahrten abgesehen, meine erste Auslandsreise. Amsterdam – die Stadt war für mich immer verbunden gewesen mit Grachten, Brücken und Giebelhäuserfronten, aber auch mit Emigration, mit oft gescheiterten Fluchten.
Nun kamen wir hier an, am 4. September. Das Hotel war behaglich, vor allem war die »kleine Inge« schon da und – als besonders großzügige Geste des Verlages – der damalige Pressechef von Hoffmann und Campe, Wolfgang Mönninghoff. Aus Basel kamen die Repräsentanten des »Anne Frank-Fonds«: Claire Gysin-Morgenstern mit ihrem Mann und der Präsident Dr. Frank-Steiner mit seiner Frau sowie der Schauspieler Buddy Elias, Annes Vetter und letzter Verwandter. Ich erfuhr, daß dieser Fonds 1966 von Annes inzwischen verstorbenem Vater Otto gegründet worden war, »mit dem Zweck der Förderung karitativer, sozialer und kultureller Aufgaben im Andenken an *Anne Frank* und die Verbreitung ihrer Botschaft«.

In der nahen Western-Kirche war gerade die Ausstellung »Die Welt der Anne Frank«, seither in vielen Städten der Erde gezeigt, eröffnet worden, und so war es selbstverständlich, daß wir dorthin gingen. Lange blieben wir an diesem ersten Spätnachmittag nach der anstrengenden Reise nicht, es zog uns in die Prinsengracht Nr. 263, in das Versteck der Franks.

Meine Fähigkeit, Architektur zu beschreiben, ist gering, und so habe ich mir diese Schilderung ausgeliehen von Ernst Schnabel aus seinem Buch *Anne Frank – Spur eines Kindes.* Das Kursivgedruckte hat er von Anne übernommen:

»Es ist ein schmales, altes Klinkerhaus ... Die Front ... ist von der verschwiegenen Schönheit, die man an vielen dieser Amsterdamer Häuser gewahrt. Sie kommt aus der vollkommenen Schlichtheit und aus fein gewogenen Proportionen ... Außer dem Magazintor hat das Haus zwei schmale Haustüren. Die eine, schon zu Franks Zeiten für gewöhnlich verschlossen, führt zu einer schmalen Treppe, die in einem Zuge, wie man das in holländischen Häusern häufig findet, bis zum zweiten Stockwerk hinaufgeht. Eine halsbrecherische Passage. Hinter der anderen Tür ist ein Seiteneingang zum Magazin und eine gewöhnliche Treppe. *Geht man diese Treppe hinauf, dann kommt man zu einer Tür mit Mattglasscheibe, auf der einmal mit schwarzen Buchstaben das Wort ›Kontor‹ gemalt war.* Es ist jetzt noch zu lesen ... Es ist jetzt leer und wirkt beinahe wie ein kleiner Saal.«

Zahllose Menschen aus aller Welt pilgern dorthin, kennen das Haus, haben, wie wir, die »halsbrecherische Passage« geschafft. »Auf der Spur eines Kindes« – das war ein schlimmer Besuch. Vor Annes armseligen, kleinen, an die Wand gepinnten Postkarten – Bildern von Filmschauspielerinnen zum Beispiel – konnte einem der Atem stocken. Ich dachte daran, welchen Spaß wir alle in dem Alter am Sammeln und Tauschen der Abbildungen unserer Leinwandidole hatten; Anne hat diese kleinen Freuden mitgenommen ins Versteck, voller Hoffnung. Im ausliegenden Gästebuch fanden wir die stillen und die lauten Aufschreie der Verzweiflung, der Wut, Trauer und Betroffenheit in Worten ausgedrückt; viele Besucher versuchten, sich auf diese Weise etwas Luft zu machen ... Hier standen wir an einem Tatort, den nun fast die ganze Welt kennt, weil ein kluges kleines Mädchen einen Roman schreiben wollte, »Das Hinterhaus«* ... Aber erst kam das Tagebuch. Dann kam die »Grüne Polizei«.

Warum ich über den Anlaß hinaus, der uns hergeführt hat, so an diesen Besuch denken muß: Meine Freundin Ruth G., nur zwei Jahre älter als ich, erzogen in einem Internat bei den Herrnhutern, dann Sportstudentin, stand hier vor einer Wand, an der man den »Stürmer«, diese entsetzliche Hetzschrift von Julius Streicher, angebracht hatte; damals hat sie an vielen Litfaßsäulen gehangen. Ich sah, daß Ruth weinte, und ich hörte sie leise sagen: »Ich hab' es doch wirklich nicht gewußt.«

Das ist uns, die man vor aller Augen jahrelang diskriminiert und ausgegrenzt hat, so unverständlich. Und doch sind da Menschen, deren Gedächtnis so merkwürdig funktioniert. Und es sind Menschen darunter, wie diese Freundin, denen wir diese Art der selektierenden Erinnerungen glauben müssen.

* * *

Aus den Informationen über das Haus an der Prinsengracht ersehe ich, daß es nach dem – nie gesühnten – Verrat an diesen Menschen und nach der Deportation der Franks und ihrer

* Anne Frank: Geschichten und Ereignisse aus dem Hinterhaus. Fischer Taschenbuch Verlag, Frankfurt am Main 1988

Mitbewohner lange leer gestanden hat; daß man es nach 1957 beinahe abgerissen hätte.
Gerettet wurde es erst durch die Gründung der »ANNE FRANK-Stiftung«.
Von welchem Foto Anne uns auch anschaut: sie lächelt. Ernst Schnabel hat eine wunderschöne Widmung in sein Buch geschrieben: *»Für meine Kinder, daß sie es wissen«.*
Übrigens bin ich, um vom Hotel zur Preisverleihung zu kommen, zum allerersten Mal nach dreißig Jahren in eine Straßenbahn gestiegen.
»Wir sind doch dabei«, hatte Claire gesagt, »und haben Sie nicht gesagt, daß Sie sich in Taxis sicher fühlen? Also: Wir können an jeder Station aussteigen, überall stehen Taxis.«
Es war nicht so leicht für mich – aber auszusteigen brauchten wir nicht. Ich *wollte* ja Fortschritte machen ... Auf dem Rückweg belohnte ich mich mit dem entspannenden Taxi, schließlich hatte ich eine Reise hinter und einen aufregenden Tag vor mir: die Preisverleihung.

* * *

Die Einladung – um 15 Uhr in der »Schuttersgalerij« des Amsterdamer Historischen Museums, Kalverstraat 92 – ließ mich an nichts Böses denken. Aber dann kam's: Es lag in der Fußgängerzone. Kein Auto, keine Straßenbahn.
»Na und?« fragte die »kleine Inge« und hakte mich ein. »Ist diese Straße nicht hochinteressant?« Das schon. Sie war höchst turbulent, Bürger und Junkies, »Provos« und Touristen, ein buntes Vielvölkergemisch schlenderte durch diese Kalverstraat. Um mich daran zu erinnern, habe ich mir diese Menschenmenge im »Merian«-Heft über Amsterdam angeschaut: Hier also war ich mittendrin gewesen, ohne erreichbares Refugium. Ein bißchen heiß ist mir schon geworden.

Aber glücklicherweise behält man eher das Schöne und Erregende im Gedächtnis.
Im zur Straße hin offenen Gang des Museums standen die Stuhlreihen. Nach den üblichen Begrüßungsreden hielt der aus der UdSSR ausgebürgerte und in Paris lebende Literaturhistoriker Efim Edkind die Laudatio auf die Preisträgerin Ida Fink. Ihr Buch *Eine Spanne Zeit** beschreibt das Polen unter der deutschen Besatzung. Sie hat diese Zeit im Ghetto erlebt, später im Untergrund. »Ihre Geschichten sind ganz leise, ohne Leidenschaft, ohne Tränen, ohne Haß, ohne Fluch«, sagte Edkind. Als ich später diese Geschichten gelesen habe, mußte ich mir wieder sagen: Mit einem solchen Leben im Untergrund – in Hinterzimmern, in Scheunen oder sogar in Wäldern, getarnt, verkleidet, hineingezwungen in andere Identitäten –, damit waren meine Erlebnisse nicht vergleichbar.
Frau Finks Dankesrede zeigte dann auch in Worten, was man ihr ansah: Trotz dieser unsäglichen Vergangenheit war sie menschlich und tolerant geblieben. Die Begegnung mit ihr war für mich ein großes Glück, und wir alle waren der Jury dankbar, daß sie in der Fülle von Büchern auf diese »Spanne Zeit« gestoßen war.
Amsterdams Bürgermeister van Thijn überreichte uns die Urkunden. Ich gebe gern zu, daß mich der Preis, der im Namen der Anne Frank verliehen wurde, sehr geehrt und beglückt hat.

* * *

Am Abend waren wir von der Stadtverwaltung zum Essen eingeladen. Im Restaurant Keyser in der Baerlestraat entzückte uns die nostalgische Atmosphäre: Dunkles Holz, Rundbögen, Nischen. Gedämpftes Licht, manchmal etwas

* Ida Fink: Eine Spanne Zeit. Erzählungen. Unionsverlag, Zürich 1983

Gold an den Wänden und viele Bilder. Die Gäste waren nach den doch sehr bewegenden Stunden jetzt gelöster, entspannter. Ich lernte auch Fritzi Frank kennen, die zweite Frau von Annes Vater. Alexander Ramati hielt die Dankesrede für die Träger des Anerkennungspreises. Ihm verdankt man das viel zu wenig bekannte Buch *Der Assisi-Untergrund**. Ramati war einer der ersten Kriegsberichterstatter, die 1943 in Assisi ankamen, nachdem die Wehrmacht die Stadt hatte räumen müssen. Er hat die wahre Geschichte des Paters Rufino aufgeschrieben. Dieser Pater hatte von Bischof Nicolini den Auftrag erhalten, sich jüdischer Flüchtlinge anzunehmen; sie wurden in die Obhut der Schwestern der »Armen Klarissen« gegeben und später unter dramatischen Umständen aus den Gefahrenzonen herausgebracht, nach Florenz, von wo aus sie den Hafen von Genua erreichen konnten. Ramati hat uns die Aktivitäten unerhört mutiger Menschen geschildert, die nicht selten diesen Mut mit dem Leben bezahlen mußten. Übrigens hat der deutsche Oberst Müller, Arzt, Katholik, Kommandant in Assisi, diese Hilfsaktionen stillschweigend geduldet. In der Verfilmung wird er von James Mason dargestellt. Dieser Film ist leider kaum bekannt geworden; in Freiburg lief er, fast unbeachtet, im März 1986 während der »Woche der Brüderlichkeit«.

Mit dem dritten Preisträger, dem jüngsten von uns, Klaus-Peter Wolf, konnten wir uns erst am nächsten Morgen am Frühstückstisch unterhalten. Wir fragten ihn, warum er am Abend vorher so plötzlich verschwunden war.

»Ich brauchte *Leben*«, sagte der junge Herr, »ich habe mich ins Chinesenviertel fahren lassen.«

* Alexander Ramati: Der Assisi-Untergrund. Roitmann Verlag, München 1984

»Wie bitte?«
»Das sagte der Taxichauffeur auch. In der Nacht, meinte er, solle man sowas tunlichst bleiben lassen. Aber ich hab' ihm verklickert, daß ich das Milieu kenne.«
Dieser junge Autor hat uns recht eindrucksvoll geschildert, wo seine literarischen Interessen liegen: Er möchte von Randgruppen erzählen, von Benachteiligten. Hier hatte man ihn für den Roman über ein Asylantenschicksal geehrt.* Seine Schilderungen von Details aus uns fremden und nicht selten abenteuerlichen Milieus verschafften uns eine sehr unterhaltsame Frühstücksstunde. Als ich ihm im Oktober zufällig auf der Frankfurter Buchmesse begegnete, war er eben auf dem Weg zu einem Jugendbuch-Stand: dort sollte er zaubern.

* * *

Das Erlebnis Amsterdam war für mich unvergeßlich. Eben darum hat es auch wieder die Frage aufgeworfen: Wie wird man damit fertig, *schöne* Folgen von entsetzlichen Dingen zu genießen.

* Klaus-Peter Wolf: Die Abschiebung oder Wer tötete Malmut Perver? Benziger Verlag, Zürich 1983

GEDANKEN ZUM ÜBERSETZEN

Die »alten Hasen« unter den Autoren werden lächeln darüber, daß ich glücklich war, als ich erfuhr, der Deutsche Taschenbuchverlag würde die *Mauern* in seiner Reihe »Zeugen und Zeugnisse« herausbringen.

Am 4. Dezember 1986 bekam ich die ersten Exemplare: Auf dem Umschlag war das Foto des »Rembrandhauses« an den Colonnaden, in dem das Antiquitätengeschäft meines Großvaters Jac Hecht beheimatet war. (Später wurde es von meinem Onkel Edgar übernommen, dem dann die »Reichskulturkammer« die Berechtigung absprach, das »von den Vätern Ererbte« zu besitzen. Es wurde »arisiert«.) »Geschlossen«, dieses Schild hing in den Schaufenstern, aber das war zu jener Zeit – 1924 – noch ein friedlicher und selbstverständlicher Begriff: damals wurden nur die Ausstellungsräume neu geordnet.

Im Februar 1985 war eine schlicht gestaltete Ausgabe der *Mauern* im Samleren-Verlag in Kopenhagen erschienen: »Da de usynlige mure voksede – E tysk familie under nazisternes racelove«. Ich versuchte ein wenig darin zu lesen und stellte fest: Wenn man den Text kennt, ist's nicht so schwierig. Die »Kristallnacht« hieß zum Beispiel Kristalnat. Das zu bemerken habe ich einen Grund: Im Jahre 1986 erschien in dem amerikanischen Verlag Harcourt Brace Jovanovich in New York, attraktiv aufgemacht, mein Buch mit dem Titel *Invisible Walls.*

Der in England lebende Übersetzer J. Maxwell Brownjohn

war ein ebenso sorgsamer wie unterhaltsamer Partner bei der Erarbeitung der englischsprachigen Ausgabe. Unsere Verbindung begann mit einem Brief, dem eine Liste von Fragen beigefügt war, die mich ein wenig beunruhigte. Er schrieb dazu: »Der Übersetzer möchte der Autorin einen Dank aussprechen für die Aufgabe, die ihn trotz oder auch wegen des tragischen Themas bis zur letzten Zeile unwiderstehlich gefesselt hat.«

Das war eine gute Voraussetzung, und ich nahm mir vor, die Fragenliste mit Fassung durchzulesen und zu beantworten. Zum Beispiel: ». . . am Eppendorfer Baum – was für ein Ort?« Oder: »Planten und Blomen« . . . Natürlich konnte nicht jeder Leser in den USA und England die Namen unserer Straßen und Parks kennen . . .

Komplizierter wurde es beim Aufdröseln verwandtschaftlicher Verhältnisse. Er entdeckte auf Seite 118, daß ich den Sohn Kurt der Schwester meiner Großmutter als Großonkel bezeichnete.

»Lieber Mr. Brownjohn, schon Kurt und ich haben versucht, herauszukriegen, wie wir unseren Verwandtschaftsgrad nennen sollen. Er war ja der Vetter meines Vaters. Verzeihen Sie, wenn ich Sie aufgrund Ihrer Aufmerksamkeit zu einem Stammbaum-Forscher mache . . .«

»Liebe Frau Hecht, im Englischen würden wir sagen: Kurt wäre (als Vetter ersten Grades Ihres Vaters) Ihr Vetter ersten Grades *einmal* (d.h. um eine Generation) entfernt; aber ich glaube, wir können den Leser mit solchen Kompliziertheiten ruhig verschonen.« Das hatte ich auch geglaubt. Und so blieb mein Großonkel Kurt in den *Invisible Walls* ganz einfach nur Kurt.

Wir mußten uns zum Beispiel über die Übersetzung des Begriffs »Reichskristallnacht« unterhalten. Das war das Wort,

das ich lieber im unmenschlichen Original übernommen hätte, Mr. Brownjohn aber hatte sich entschieden für »Night of Broken Glass«. Dazu schrieb er: ». . . originell ist das ganz und gar nicht, sondern der seit Jahrzehnten in Fachbüchern (s. Shirer u.a.) übliche Ausdruck. Auch finde ich ihn nicht besonders anschaulich. ›Broken windows‹ wäre besser, leider aber gäbe ›Crystal Night‹ einen völlig falschen Eindruck, d.h. der angelsächsische Leser würde sich eher einen vornehmen Ball – im Sinne eines Tanzfestes – vorstellen . . .«
Diese Wortschöpfung wurde mit der Zeit zu einem kontroversen Thema, das nicht nur zwischen Mr. Brownjohn und mir bedacht wurde. Viele Betroffene wünschen es ersetzt durch »Pogromnacht«, ich aber wollte in der Zeit bleiben. Die dänische Übersetzerin Nanna Thirup hatte das Wort unserer Sprache angeglichen. – In den Erinnerungen einer Hamburgerin, die heute in New York lebt, heißt dieser Alptraum: *Glassbreaking-Night.*
Da war noch etwas, worüber wir uns erst »zusammenraufen« mußten – was allerdings mit dem liebenswürdigen Partner nicht schwierig war. Ich habe geschildert, wie ein junger Mann, mit dem ich einen heiteren Nachmittag und Abend verbracht hatte, fragte, wann wir uns wiedersehen könnten. Ich schrieb: »Wie mit einem Paukenschlag hatte er mich in die glücklose Welt zurückgeholt.« Mr. Brownjohn übersetzte, nein, schöpfte neu: »I felt like Cinderella, when the clock struck twelve.« Er erklärte: »Für Paukenschlag gibt es natürlich eine direkte englische Übersetzung, nämlich ›drumbeat‹, die aber in jenen Zusammenhang nicht gepaßt hätte. Unbescheidenerweise freute mich nicht wenig, als ich jenes – Pardon – ›schöpferische‹ Äquivalent erfand. Sie waren jung, hatten mit Ihrem ›Prinzen‹ getanzt, hatten einen unerwartet schönen Abend genossen, um plötzlich – bums! – in den

tristen Alltag zurückgeholt zu werden. Wie könnte man einen solchen Schock anschaulicher sowie treffender vermitteln (auf englisch wenigstens) als durch das Aschenbrödel-Bild?«

Lieber Mr. Brownjohn, schon um dieses hübschen Plädoyers willen bin ich bereit, den eher rustikalen Hans mit einem Prinzen und mich mit einem Aschenbrödel vergleichen zu lassen – auf englisch wenigstens!

* * *

Unsere Korrespondenz endete mit dem Satz: »Hoffentlich werden wir irgendwann in der Zukunft wieder zusammenarbeiten können.« Wer weiß? Zur Zeit (im Frühjahr 1990) arbeitet er für die Warner Bros. mit Roman Polanski.

DIE »MAMPES«

Im Dezember 1985 bekam meine Freundin Ursula in Havertown einen Brief von dem Soziologieprofessor Werner Cohn aus Vancouver. Er hatte von ihr mein Buch erhalten, denn sein Forschungsgebiet ist die Geschichte der »Mischlinge«.
»1. Would you know something about the official Mischling group that was at first called ›Reichsverband der nichtarischen Christen‹, then ›Paulus-Bund‹, and finally ›Vereinigung 1937‹?
2. I understand that some Mischlinge used word ›Mampe‹ to refer to themselves (after a Berlin liqueur that was ›half and half‹, half strong liquor and half something else). Did you ever hear of this expression? . . .«
In meinem Buch hatte ich berichtet, daß mein Bruder als engagierter Christ dem »Paulus-Bund« beigetreten war, und so gab ich Professor Cohn die Adresse seines damaligen Jugendbundführers. Die »Mampes« waren mir sozusagen entfallen, aber langsam kamen die Erinnerungen. Denn meine ebenfalls »gemischte« Berliner Freundin Manon hatte uns damals davon erzählt. Als 1988 die dramatisierte Fassung der *Mauern* vom Jakobus-Theater in Karlsruhe aufgeführt wurde, haben wir diese »galgenhumoristische« Selbstbenennung der Berliner »Mischlinge« eingebracht.*
Ich schickte Professor Cohns Brief auch an Claire, die Freundin vom »ANNE FRANK-Fonds« in Basel. Sie kannte sich aus,

* Vgl. S. 160f.

sie hatte als »Mischling« in Frankfurt gelebt, und sie schrieb nach Vancouver: »›Mampe‹ (plural: Mampes) was occasionally used as a nickname for Mischlinge *by themselves* without an earnest meaning. I do not think it was widely known.«
Wie erwähnt, beschäftigte sich auch in München Dr. Hermann Lange mit der Geschichte der »Mischlinge«. Er hat mir mit dem Manuskript von »Nje nado«* das hübsche Firmenzeichen mitgeschickt: Da steht ein weißer Elefant in einem burgunderroten Oval. Im Elefanten ausgedruckt *»Berlin«*, darüber der Name des Likörs, darunter »tut gut«.

* Vgl. S. 61ff.

WIE KONNTE DAS ALLES GESCHEHEN?

Gespräche mit Schülern

Zum erstenmal wurde ich im Februar 1986 gefragt, ob ich an Schulen lesen wollte. So verlockend das Angebot war, eine große Anzahl junger Menschen der Enkel-Generation persönlich ansprechen, erreichen zu dürfen: Ich wollte nicht, daß mir jemand zuhören *muß* – und Schüler werden ja nicht unbedingt gefragt. »Versuchen Sie es«, sagte der Direktor eines Gymnasiums in Hamburg, der mit seiner Klasse schon in Israel gewesen war. *Diese* Schüler, sagte er, wüßten viel über das Dritte Reich, und sie würden es begrüßen, eine »Zeitzeugin« zu befragen. Das war für mich eine akzeptable Basis.
Am 23. April habe ich im Gymnasium Farmsen also meine erste Schul-Lesung erlebt, und damit hat eine Arbeit begonnen, die ich bis heute in Zusammenarbeit mit Dr. Helga Kutz-Bauer, Leiterin der Landeszentrale für Politische Bildung in Hamburg, mit großer Dankbarkeit fortführe.

* * *

Als ich an jenem Mittag mein Buch zuklappte, ohne auch nur einmal gestört worden zu sein, erzählte ich meinen jungen Zuhörern von der Angst, die ich vor ihnen gehabt hatte. Ihre Antwort: Sich so vieles, was sie alle bisher im Unterricht, aus Büchern, aus Filmen gelernt hätten, vorzustellen, war ihnen fast unmöglich gewesen.
»Das hat sich heute geändert. Es ist etwas anderes, jemanden zu fragen, der das alles selbst erlebt hat.«

Ich atmete auf. Beim Verlassen der Aula blieb einer der Schüler bei mir stehen.
»Machen Sie weiter«, sagte er.
Diese erste Ermunterung aus der Generation der Enkel werde ich niemals vergessen.

* * *

Eine deutsche Familie unter den Nürnberger Rassengesetzen – wie sollte ich die unter solchem Titel gesammelten Ereignisse so umsetzen, daß sie vorstellbar wurden? Würde ich vermitteln können, wie aus der Theorie des gedruckten Wortes harte, eiskalte Praxis wurde?
Nicht ohne Herzklopfen ging – und gehe – ich in die Schulen, zu den jungen Hörern, die ja heutzutage ihre eigenen, oft auch schweren Sorgen haben. Ich komme in die großen Klassenräume, in die Aula oder in den Musiksaal. Da sitzen sie, ich bin für sie eine alte Dame. Seit Jahren, seitdem man in diesem Land endlich über diese Themen spricht und die Gedenktage begeht, etwa an die Verkündung der »Nürnberger Gesetze«, die »Kristallnacht«, den Kriegsausbruch, die »Wannseekonferenz« erinnert; seit Jahren also wird Schülern aus einer Zeit berichtet, die sie nicht mehr erlebt haben, in der aber Eltern und Großeltern Zeugen von Ereignissen waren, von denen sie nichts mehr wissen, von denen sie nicht sprechen wollen. Die Schüler sehen mich an, skeptisch oder fröhlich, im besten Fall neugierig. Manchen steht noch das Lachen oder die Fröhlichkeit im Gesicht: über irgend etwas haben sie sich amüsiert, auf irgend etwas freuen sie sich vielleicht gerade. Und ich weiß, daß ich ihnen diese Fröhlichkeit nehmen werde, für eine Spanne Zeit wenigstens. Wollte ich das?
Damals war ich so alt wie diese Schüler heute. Wenn ich jenes Gesetz vom April 1934 zitiere, nach dem »nichtarische« Schü-

ler nicht mehr auf höhere Schulen gehen durften – und damit auch nicht an Universitäten und in höhere Berufe –, dann können sich die Schüler in mich hineinversetzen. Vielleicht macht ihnen die Schule nicht immer Spaß. Aber wenn sie sie nicht absolvieren *dürften*, dann könnten sie, welchen Beruf auch immer sie sich wünschten, wohl nicht besonders gut vorankommen. Wenn ich einen kleinen Textteil des »Gesetzes zum Schutze des deutschen Blutes und der deutschen Ehre« zitiere, nach welchem ein »arischer« Deutscher mich nicht heiraten durfte, wenn ich ihnen klarmache, daß durch dieses Gesetz auch Freundschaften lebensgefährlich sein konnten, dann sind meine Zuhörer imstande, sich eine solche Situation vorzustellen. Dennoch: Ließ sich vermitteln, wie Kinder, die um 1935 eben zu Jugendlichen wurden, diese Zeit der Entwicklung nicht mit ihren »arischen« Freunden zusammen erleben, daß sie nicht miteinander spielen, reden, turnen, wandern, tanzen durften? Wenn ich ihnen erzähle, daß mein Bruder mit vierzehn Jahren aus dem HSV »entfernt« wurde, malen sie sich aus, wie ihnen zumute wäre, wenn sie nicht mehr Fußball spielen könnten ...

* * *

Den Lehrern ist verständlicherweise daran gelegen, daß Fragen gestellt werden.

Als wäre das für die Schüler so einfach. Viele Zuhörer sind zu betroffen, geschockt, manchmal nur verlegen, manchmal aber auch fassungslos. Eine der ersten Fragen lautet meistens: »Wie konnte das alles geschehen?«

Ja, wie? Wissen wir es selber?

Da befragt mich nun eine Generation, die, aufgewachsen in einer Demokratie, im Begriff ist, politisches Denken zu lernen, nachzufragen, zu reflektieren.

Ich muß ihnen folgendes sagen: »Die Generation meiner Eltern und die meine wurden nicht politisch erzogen. Das war, um es so auszudrücken, kaum üblich. Nur diejenigen, die in engagierten sozialdemokratischen oder kommunistischen Familien aufwuchsen, waren durch ihre Eltern frühzeitig geschult; aus diesen Kreisen kam auch der Widerstand.« Ich muß die Schüler bitten, sich etwas vorzustellen, von dem sie nur theoretisch wissen: eine Welt ohne die vielen Kommunikationsmittel: ohne Fernsehen, auch ohne Radio; das kam erst 1923 in die Wohnzimmer. Nicht jede Familie hatte eines, und wenn – was wurde schon gesendet dazumal?

* * *

Immer wieder wird gefragt: »Kann es denn überhaupt möglich sein, daß unsere Großeltern wirklich nichts gemerkt, gewußt haben? Können Sie sich das vorstellen?«
Ein langes Kapitel. Nein, ich kann es mir nicht vorstellen. Und viele der jüngeren Lehrer ergänzen: »Unsere Eltern sprechen mit uns nicht über diese Zeit.«
Dann wird das große Schweigen zum Thema.
Ich muß den Schülern sagen: »Die Großelterngeneration hat nicht wissen können, was in Auschwitz geschieht. Aber sie hat die Vorboten gesehen: den Boykott, die ›Kristallnacht‹; die Schilder der Verbote für Juden: an den Gasthäusern, Parkbänken, öffentlichen Verkehrsmitteln. Man hat erfahren, daß Nachbarn verschwanden, Arzt- und Anwaltsschilder von den Türen abmontiert wurden. Sie haben den gelben Stern gesehen.
In der ganzen Welt lebt heute eine Generation von Juden ohne Großeltern.«

Die Odyssee der Claire Gysin

Ich habe Claire Gysin gebeten, auch ihre Geschichte aufnehmen zu dürfen in die Reihe *Schicksale der anderen.*

Sie gehört zum Jahrgang 1922, ist in Frankfurt am Main geboren. Ihr Vater, ein jüdischer Großkaufmann, starb 1923. Sie ist aufgewachsen bei ihrer »arischen« christlichen Mutter, die den Namen Morgenstern trug. Wer von den Nachgeborenen weiß schon noch, was es damals bedeutete, mit einem *erkennbar* jüdischen Namen zu leben?

Ihre schwere Jugend wird sie in einer eigenen Publikation schildern. Sie war an einen ebenso nazihörigen wie grausamen Schulrektor geraten. Doch mußte sie dort durchhalten, um 1938 wenigstens noch mit der mittleren Reife abschließen zu können. Hier schildert sie die drangvollen Zickzackwege ihrer Ausbildung:

»Ich hätte gern studiert oder wäre gern Journalistin geworden. Beides war undenkbar. Da fand ich eines Tages in dem heimlich zirkulierenden Mitteilungsblatt unserer ›Vereinigung 1937‹* ein Inserat, in dem ein Lehrling für Geflügelzucht gesucht wurde. Ich bewarb mich und erhielt aus Holstein eine Zusage mit dem damals unglaublich mutigen Hinweis: ›Zu bemerken wäre, daß wir ein rein arisches Haus sind, was Sie aber nicht abzuhalten braucht, da wir frei sind von jeden Vorurteilen.‹ Auch das gab es! So habe ich dort zwei Lehrjahre absolviert. Ich wurde aufgenommen von wohlwollenden Menschen, die aus Überzeugung große Nazigegner waren, die selbst jüdische Freunde hatten und deren antinationalsozialistische Einstellung bekannt war. Das konnte nicht gutgehen. Wir wurden angezeigt, als wir nachts jüdischen Freunden in Ham-

* Vgl. S. 95

burg ein Huhn brachten. Wir kamen mit einem langen Verhör bei der Gestapo und einer Verwarnung davon. Ich als ›Mischling‹ hatte mich von da an zweimal wöchentlich bei der Polizei zu melden.

1940 wurde ich zum Reichsarbeitsdienst gemustert und als ›wehrunwürdig‹ ausgeschlossen. Der Abschluß der Lehre für Geflügelzucht bestand in einem dreimonatigen Kurs an einer staatlichen Geflügelzuchtanstalt. Diese Anstalten unterstanden dem ›Reichsnährstand‹*. An seiner Stelle amtierte nur in Bayern aus mir unbekannten Gründen bis 1941 noch die alte ›Kammer des Innern‹. Als einzige Stelle in ganz Deutschland war sie bereit, mich zu dem dreimonatigen Abschlußkurs in Erding bei München aufzunehmen und zur Gehilfenprüfung zuzulassen.

Trotz vieler Angebote fand ich als ›Mischling‹ keine Stelle mehr. Jeder Arbeitgeber hatte Angst. Zudem war ich von Holstein aus in Erding als politisch unzuverlässig gemeldet worden. Die Korrespondenz mit meinen Halbgeschwistern und jüdischen Verwandten im Ausland wurde von staatlichen Stellen überwacht. (Seit Kriegsbeginn gab es für die Post eine staatliche Zensurstelle.) Was sollte ich tun? Ich versuchte erst einmal, meine Spur zu verwischen. Dazu habe ich mich monatelang für jeweils kurze Aufenthalte kreuz und quer durch Deutschland bei ›arischen‹ Verwandten und Freunden aufgehalten. Aber das war keine Dauerlösung und nicht durchführbar. Dazu kam für mich die Angst um meine Mutter. Als Witwe eines Juden, jedoch gebrandmarkt durch den jüdisch klingenden Namen Morgenstern, war auch sie ständiger Diskriminierung ausgesetzt. Man hat Besuche unserer jüdischen

* Nationalsozialistischer Dachverband, dem alle landwirtschaftlichen Betriebe unterstellt waren.

Verwandten beobachtet und meiner Mutter deshalb 1939 die Wohnung gekündigt. Erst Jahre später hat sich eine fromme katholische Hausbesitzerin bereit gefunden, sie als Mieterin aufzunehmen.

Im Spätsommer 1941 sah ich keine andere Möglichkeit mehr, als zu meiner Mutter nach Höchst zurückzukehren. Ich habe mich dort polizeilich nicht gemeldet, folglich auch keine Lebensmittelkarten erhalten. Aber ich war vielen als ›Mischling‹ bekannt, und es wird mir immer ein Rätsel bleiben, wieso ich trotzdem durchgekommen bin.

Ende Januar 1945 besuchte mich ein alter Freund, Reserveoffizier aus dem Ersten Weltkrieg und nun Major der Luftwaffe. Ein Mädchen nebenan, so alt wie ich, sah ihn in Uniform zu mir gehen. Sie meldete das sofort auf der Ortsgruppe der Partei. Ich wurde vorgeladen und mußte, wenn ich nicht in Haft genommen werden wollte, sagen, wer das war. Als er zu seiner Einheit zurückkam, wurde er vor ein Kriegsgericht gestellt und wegen ›Verhältnis mit einem Mischling‹ zu sechs Monaten Frontbewährung verurteilt. Nur die damals schon vorhandene Desorganisation des fluchtartigen Rückzuges bewahrte ihn davor.

Wir haben den Wettlauf mit der Zeit gewonnen.«

Claire gehört zu den Zeitzeugen, die bereitwillig vor Schülern erzählen. Auch im Spiegel *ihres* Schulalltags und ihrer Ausbildungszeit können sich die Jugendlichen von heute unser Damals ein wenig vorstellen.

»Ich war ›rassisch halb‹«

Im Januar 1990 wurde in Hamburg ein Videofilm gezeigt, den die jungen Historiker Beate Meyer, Rainer Korsen und Walter Uka zusammengestellt haben. Er trägt den Titel: »Ich war ›rassisch halb‹«, und er zeigt auch das Leben der »kleinen Inge«. In der »Hamburger Rundschau« konnte man lesen: »Geschildert wird die Geschichte eines Überlebenskampfes. Dabei haftet den Aussagen von Inge Hutton und Rolf Baden heute schon fast etwas Anekdotisches an. Trotzdem, oder gerade deshalb, wird ein gespenstisches Bild der Hamburger Gesellschaft zwischen 1933 und 1945 sichtbar. Zur Überlebenshilfe werden dabei die kleinen verbliebenen Reservate eines intakten Lebens. Was für Inge Hutton die Freunde mit dem Segelboot waren, bedeuteten für Rolf Baden die Freunde im ›Turnverein Armin‹. Hier gelang wenigstens für kurze Zeit die Flucht vor dem allgegenwärtigen Rassismus, der alle Lebensbereiche vergiftet hatte. Solche Nischen hat es gegeben, wenn auch nicht alle so einfallsreich organisiert waren wie beim ›Turnverein Armin‹. Dort leistete man sich als Vorsitzenden einen ausgewiesenen Nazi, der sogar noch eine Parteikarriere machte: Die Mitglieder bestanden fast ausnahmslos aus rassisch oder politisch Verfolgten des Nazi-Regimes.«
Als ich einem Freund aus Wien die Geschichte dieses Turnvereins erzählte, sagte der Mann aus der Stadt Sigmund Freuds: »Eine Perversion subtilster Art!«

Der Versuch, das Zuhören zu erleichtern

In der Wochenendausgabe der »Badischen Zeitung« vom 8./9. November 1986 erschien ein Artikel: »Umfrage bei

4000 Schülern ergab: Jugendliche sind keine Antisemiten – Gefährliche Einstellung zum Nationalsozialismus – viele Vorurteile.« Ohne weiter auf den Inhalt einzugehen: Diese Auswertung einer »Fragebogenaktion« von einem Professor der Universität Passau, »1985 unter mehr als 4000 Schülern in Baden-Württemberg vorgenommen«, machte mich richtig krank. Ich fragte mich: Was soll eine solche Umfrage? Was soll sie beweisen? Man weiß, daß die Schüler weder Juden kennen noch wissen, was eigentlich Antisemitismus ist. Glücklicherweise hatte ich während einer Podiumsdiskussion zum 9. November am selben Tag Gelegenheit, mein Unbehagen weiterzugeben, und fand Zustimmung.

Es ergab sich im Laufe der nächsten Wochen, daß die Landeszentrale für Politische Bildung in Stuttgart unsere Bedenken aufgriff. Im März 1987 trafen sich zum erstenmal im Rahmen dieser Institution und unter Leitung ihres stellvertretenden Direktors Heinz Lauber in Kirchzarten Zeitzeugen und Pädagogen. Das war eine gute Sache, denn nun wurden gezielte Besuche an Schulen beschlossen. Unter anderem bekamen die Schulbehörden Listen über die Inhalte, die die Zeitzeugen jeweils zu vermitteln bereit waren, und die interessierten Lehrer konnten sie »themenübergreifend« einladen, für den Deutsch-, Geschichts- und Religionsunterricht.

* * *

Während des ersten Treffens in Kirchzarten spukte gerade mal wieder in Stuttgart die unsagbare Propaganda von Neonazis, die die nach *Anne Frank* benannten Schulen verunglimpften und behaupteten, das Tagebuch sei eine Fälschung. Ich hatte Gelegenheit, Herrn Lauber mit dem »ANNE FRANK-Fonds« in Basel zusammenzubringen; dort konnte er sich Informationen besorgen über die Aktivitäten des Fonds und über den

Verlauf der – erst im März 1990 beendeten – Prozesse gegen die Verleumder.

* * *

Nach den ersten Besuchen an Schulen überlegte ich mir: Ich muß zwischen dem Schluß meiner Lesungen und der Fragestunde etwas tun, das die Situation »entschärft«: Und so kündige ich vorher an, daß es später auch etwas Gutes zu berichten gäbe.

Meist ende ich mit dem letzten Satz meines Buches, in dem ich noch einmal aufzähle, daß wir ohne Chancen, ein normales Leben führen zu dürfen, aufgewachsen sind. »Wir haben das nicht unversehrt überstanden.« Dieser Satz ermöglicht mir den Übergang. Ich muß ihn erklären. Das bedeutet: Ich muß von meiner Krankheit reden. Aber auch davon, daß ich gesund geworden bin.

Ich erzähle so kurz wie möglich:

»Vier Jahre nach der Befreiung, um 1949, wurde ich krank. Es begann mit Herzrhythmusstörungen und endete in einem Zustand, den ich der Einfachheit halber mit Platzangst bezeichne: Ich konnte von 1951 an nicht mehr auf die Straße gehen, also die Wohnung nicht mehr verlassen. Die einzelnen Phasen zu erzählen ergäbe eine lange Geschichte. Wichtig ist dies: Etwa nach zwei Jahren der Traurigkeit und Hilflosigkeit habe ich mich mit der neuen Situation ›arrangiert‹. Ich habe die offenbar unerfüllbaren Wünsche nach einem ›normalen‹ Leben umgepolt auf ein ›normales‹ Leben innerhalb der Wohnung, der Familie.

Ich war seit 1948 verheiratet – mit einem Mann, der sich 1933 vom Staatsdienst hat befreien lassen. Er hatte Hitlers Buch *Mein Kampf* gelesen und gesagt: Warum soll man einem Mörder nicht glauben, der seine Morde ankündigt? . . . Er hat dann das finanziell entbehrungsreiche Leben eines einstigen

Staatsdieners mit einer sehr kleinen Pension geführt – und er begann seine schriftstellerische Laufbahn zugleich als Übersetzer. Das nur am Rande.

Meine Tochter, deren ›arischen‹ Vater ich nicht hatte heiraten dürfen und der an der Ostfront ›gefallen‹ war, bekam den Namen meines Mannes. Ich begann zu schreiben, und, was mir während des Dritten Reiches versagt war, meine Arbeiten wurden gedruckt und im Rundfunk gesendet ... Ich hatte eine verständnisvolle Familie, die mir half, so zu leben: ohne Spaziergänge und Reisen, ohne Kino oder Theater. (Merkwürdig, daß mir dabei nicht bewußt geworden ist, daß so ja damals die Juden ›leben‹ mußten.) – Im Jahre 1975 starb mein Mann, 1977 meine Tochter Barbara, 1979 meine Mutter. Ich hatte meine Arbeit. Als 1984 mein Buch erschien, begann die Platzangst von mir ›abzufallen‹.«

Ich spüre, wie sehr manche Schüler Anteil nehmen, wenn ich sage:

»Was ich über dreißig Jahre lang nicht mehr zu hoffen wagte, geschah: Ich konnte wieder aus dem Haus gehen, ich konnte mit Freunden im Auto durchs Land reisen. Seit 1988 kann ich wieder in eine Eisenbahn steigen, in öffentliche Verkehrsmittel überhaupt. Ich kann das alles nicht allein, aber ich habe Freundinnen und Freunde.

Und ich kann ehrlichen Herzens sagen, was mich in diesem Zusammenhang besonders beglückt: Ich kann die Einladungen, an Schulen zu lesen, annehmen. Daß ich durch das Schreiben des Buches sozusagen ein zweites Leben gewinnen durfte, das ist die für mich aufregendste Erfahrung.«

Und immer findet sich jemand unter den jungen Zuhörern, der sagt: »Sie haben sich eben alles von der Seele geschrieben.« Womit sie, beiläufig, auf Anhieb mehr verstanden haben als die Repräsentanten der Landesämter für »Wiedergutmachung«, die zu keiner Zeit bereit gewesen sind, einen solchen Zusammenhang zu akzeptieren.

Über das Auswandern

Es gehört auch zu den überwältigenden Erfahrungen, daß ich nun das Land kennenlernte, in dem ich geboren bin und in dem ich trotz allem bleiben und leben wollte. Ich kam in die weitere Umgebung meiner Heimatstadt Hamburg, ich kam an die Schulen meiner Wahlheimat im Breisgau, aber auch nach Würzburg, Coburg, Calw, ich war in Rheinland-Pfalz und im Ruhrgebiet. Überall wurde mir – und damit allen Verfolgten – viel Verständnis entgegengebracht, menschliche Wärme. Von allen diesen Schulen gibt es Berichtenswertes; wenigstens an einiges möchte ich hier erinnern.

Zum Beispiel an Würzburg.

Im Jahre 1943 bin ich schon einmal dagewesen. Ich hatte nach einer vorsichtig gewagten Kurzreise den Vater meiner Tochter, den »Gefreiten Hans T.«, dort zum Bahnhof gebracht, Richtung Front.

Ich war sehr allein nach diesem Abschied, aber ich hatte keinerlei Angstgefühle, war nicht gefährdet. Hier im Fränkischen kannte mich keiner.

Damals habe ich mir die gerade noch unversehrte Stadt ein wenig angesehen. War in die Residenz gegangen, dann hinauf zum »Käppele« und natürlich zur Festung. Die Riemenschneider-Skulpturen hatte man schon ausgelagert ...

Am 15. März 1989 bin ich wieder hergekommen. Das *Deutsche Aussätzigen-Hilfswerk* hatte mich eingeladen; mit ihm stehe ich in Verbindung, seit mein Buch erschienen ist: *Der Siechen Wandel – Die Aussätzigen im Mittelalter und heute.* Und weil

die Aussätzigen von heute ebenfalls noch der Hilfe bedürfen, bin ich mit Roswitha Kurzawe, Schulreferentin des Hilfswerks, in die Geschichtsstunde der »Englischen Fräulein«, einer Mädchenrealschule, gegangen. Das Mittelalter stand auf dem Lehrplan.
Man hatte für die Einladung den 16. März gewählt: Vor vierundvierzig Jahren ist diese Stadt nach einem Großangriff in Trümmer gefallen. Horst Krüger konnte in seiner *Poetischen Erdkunde** schreiben: »Gedenket des Todes zunächst. Am Anfang war Feuer. Die Menschen liefen als brennende Fackeln herum. Die Stadt stand in Flammen . . .«
Um Punkt zehn Uhr, zwei Stunden vor Mitternacht, läuteten alle Glocken der Stadt Würzburg. Wir ließen im »Ratsstüble« unsere Bocksbeutel-Gläser stehen und gingen vor die Tür. Man gedachte der Toten von Würzburg. Ich aber gedachte auch derer der Shoah. Denn solche Stunden verführen die Jüngeren zu einseitigem Gedenken.

* * *

Ich war auch an zwei Schulen eingeladen, aus den *Mauern* zu lesen, im Riemenschneider- und im Mozartgymnasium.
Diesmal möchte ich von der Resonanz auf eine Lesung ausführlicher erzählen, als ein Beispiel für viele:
Im Mozartgymnasium waren Presse und Funk dabei; der private Radiosender »Charivari« hat mir später das Band überlassen. Im Gespräch mit der Moderatorin Elisabeth Möst habe ich erzählt, wie entsetzlich es war, hilflos zuzusehen, wie der Vater kaputtging an dem immer stärker werdenden Gefühl, eine Belastung zu sein für die Familie. Ich habe auch über

* Horst Krüger: Poetische Erdkunde. Reise-Erzählungen. Deutscher Taschenbuchverlag, München 1987

meine Angstneurose gesprochen, die ja erst später ausgebrochen ist. Frau Möst hat dann zwei Jugendliche aus der 12. Klasse befragt: Anni und Christian. Ich möchte ihre Antworten zitieren:

»Anni: Man hört ja sehr viel über solche Sachen, und es hängt einem schon teilweise zum Hals heraus. Aber was ich heute gehört habe, daß sie dann nach dieser Zeit noch diese Angstneurose gehabt hat, daß es so wahnsinnig nachgewirkt hat auf das ganze spätere Leben, das hat mich wahnsinnig beeindruckt.

Christian: Ich glaube, daß bei vielen Veranstaltungen zum Dritten Reich es darauf hinausläuft, daß viele Leute eben einfach nur lernen, daß die Nazis schlecht waren, daß die Nazis Verbrecher waren; aber wenn man bei diesem Punkt stehenbleibt, dann halte ich das für eine Gefahr, weil die Leute nicht wirklich zu dem Bewußtsein kommen, daß so etwas nicht mehr geschehen darf. Es ist nur etwas Gelerntes, und es ist kein wirklich tiefsitzendes Bewußtsein, und ich finde, dazu sollte man kommen, und dazu sind gerade Begegnungen mit Zeitzeugen, die einem wirklich etwas persönlich näher bringen, entscheidend.«

Wenn ich mich nun bei Anni und Christian aus Würzburg bedanke, so bedanke ich mich auch bei allen Schülern, die mir je zugehört und die mir Vergleichbares gesagt haben. Und ich bedanke mich bei allen Medien, die über solche Begegnungen berichtet haben.

* * *

Eine andere Erinnerung:

Im Dezember 1988 wurde in den Kreisnachrichten der Stadt Calw von einem »neu gegründeten Kulturcafé des Hermann-Hesse-Gymnasiums« berichtet. Die Schüler hatten sich überlegt, daß sie möglichst in jedem Monat eine kulturelle Veran-

staltung organisieren wollten. Sie wollten ihre Programme selbst aussuchen – Theaterstücke, Musik, politische Vorträge, Autorenlesungen; sie wollten ihre Gäste selbst begrüßen, selbst einführen, selbst bewirten und selbst honorieren.
Am 3. April 1989 wurde ich dorthin eingeladen. Die Schüler hatten ihre im Schulalltag sicher etwas nüchterne Caféteria ein wenig verzaubert, mit Sofas und Sesseln, mit Kaffee und Kuchen.
Eine Schülerin führte ins Thema ein. Etwa siebzig Zuhörer hatten wir, das war allerhand für eine Veranstaltung zu *dem* Thema, am Abend, an dem Jugendliche gewiß anderes hätten unternehmen können . . .
Gleich zu Beginn sprach mich eine junge Frau an.
»Ich komme aus Bad Teinach, aber meine Mutter kam aus Hamburg. Vom Erzählen kenne ich Ihren ersten Lehrherrn, den Patentanwalt Gustav Weber am Rathausmarkt.«
»Sie haben mein Buch gelesen und behalten solche Namen?«
»Herr Weber war auch der Chef meiner Mutter.«
Ich umarmte Barbara K., deren Geburt ich als Freundin der damals so verständnisvollen Kollegin – und ihres Mannes – miterlebt hatte. Ich bekam das Gefühl, das »Damals« war nicht nur in seiner schrecklichen, sondern auch in seiner hilfreichen Form gegenwärtig . . . Dieser Abend war etwas Besonderes; ein Schul-Kulturcafé wäre in unserer Jugendzeit nicht denkbar gewesen. Daß es sich trotz aller nötigen finanziellen Opfer hält, freut mich sehr. Hin und wieder bekomme ich die Jahrbücher mit den Programmen geschickt und zolle den jungen Initiatoren größten Respekt.

* * *

Zu den Fragen der Schüler zählt auch die nach meiner Religionszugehörigkeit. Ich erzähle ihnen, daß in sogenannten

Mischehen oftmals die Kinder erst, wenn sie erwachsen geworden waren, selbst entscheiden sollten, an was sie glauben wollten. Ich habe mich, um den gelben Stern nicht tragen zu müssen, evangelisch taufen lassen; die Umstände schildere ich im Buch.

»Mit dem Judentum«, erkläre ich ihnen, »habe ich bis 1933 nichts zu tun gehabt, nichts darüber gewußt. Mein Vater gehörte zu den sogenannten assimilierten Juden, die nicht mehr fromm waren. Seitdem aber das Buch erschienen ist, begegne ich Menschen jüdischen Glaubens. Ich bekomme Post aus Israel zu jüdischen Feiertagen, ich schaue mir jüdische Friedhöfe an und Synagogen. Ich trage als Schmuck jenen Davidstern, der – als gelber Fleck auf der Kleidung – die Juden so gefährlich kenntlich gemacht hat; heute ist er ein Kennzeichen des Landes Israel. Ich gehöre zum ›Freundeskreis Ehemalige Synagoge Sulzburg‹ im Markgräflerland und beteilige mich an einer Arbeitsgruppe, die den vielen jungen auswärtigen Besuchern die Geschichte jener alten Gemeinde nahe bringen möchte. Ich bin nach Prag gefahren, um die berühmte alte Prager Judenstadt zu besuchen, ich habe zum erstenmal an einem orthodoxen Gottesdienst in der Alt-Neu-Synagoge teilgenommen und die rituell-rhythmischen Bewegungen der jüdischen Beter so aus der Nähe miterlebt; ich hatte so etwas bis dahin nur in einer Shylock-Darstellung im Film gesehen. Aber das alles bedeutet für mich nur das eine: Mein Vater ist in dieser Atmosphäre aufgewachsen und hat sie wohl erst, als er die christliche Mutter heiratete, hinter sich gelassen. Ich könnte es vielleicht so ausdrücken: Ohne daß es Konsequenzen für mich hat, holt mich da etwas ein – und ich finde das gut.«

* * *

Immer wieder wird auch gefragt: Wie kann man in einem Land leben, in dem uns das alles angetan worden ist?
Ich versuche, es zu erklären. Die Gegenwart – das Jahrzehnt der Flüchtlinge aus aller Welt – bietet Anknüpfungspunkte: »Haben Sie heute nicht genug Gelegenheit, Menschen zu fragen, was es bedeutet, die Heimat zu verlassen? Wenn ich mal davon absehe, daß unsere Familie im Dritten Reich keine Chancen hatte auszuwandern: Warum sollte ich, nach dem Ende des Bösen, noch eine weitere Entwurzelung auf mich nehmen? Ich hatte die Mutter, das kleine Kind. Ich habe nichts lernen dürfen, es gab niemanden, der uns irgendwo auf der Welt hätte aufnehmen können. Außerdem: Mein Vater hat dieses Land, in dem seine Familie seit Mitte des 19. Jahrhunderts gleichberechtigt gelebt hat, geliebt. Das jüdische Bürgertum wollte nach den Jahrhunderten der Rechtlosigkeit Deutschland mitgestalten. Er war als Soldat im Ersten Weltkrieg voll Überzeugung, was ich nicht nachvollziehen kann. Im übrigen: Wie konnten wir gehen? Wir wußten doch überhaupt nicht, wo der Vater war und in welchem Zustand? Ich hatte qualvolle Phantasien: Als man erfuhr, was alles geschehen war, stellte ich mir vor: Vielleicht irrt er irgendwo herum? Hat das Gedächtnis verloren? Erst 1948 erfuhren wir, daß er nach Auschwitz gekommen war ...
Und so wollte ich nun auf meine Weise versuchen, am Aufbau der demokratischen Bundesrepublik mitzuarbeiten. Weil ich krank wurde, hat es noch lange gedauert, ehe ich aktiv mein Mosaiksteinchen zum Aufarbeiten beisteuern konnte.«
An dieser Stelle möchte ich mit einem Beitrag aus Wien durch ein anderes Schicksal ein weiteres Mal dokumentieren, was das Auswandern *auch* bedeuten konnte.

Das große Heimweh

In der »Zeit« wurde im Juli 1989 ein Artikel veröffentlicht: »*I am a Kind* – 50 Jahre nach der Flucht.« Darüber das Foto eines kleinen Mädchens mit einer Puppe. Überschrift »Erschöpft und einsam – ein jüdisches Flüchtlingskind aus Deutschland bei seiner Ankunft in England«.

Zur selben Zeit bekam ich eine Broschüre von der »Anglo Jewish Association« aus London vom Mai 1989, in der über das Treffen jener Kinder berichtet wird.

Gitta Deutsch, die heute in Wien lebt, hatte einen jüdischen Vater. Manche ihrer Verwandten haben die Nazigreuel nicht überlebt, einige konnten in Budapest in den Untergrund gehen.

». . . Ich aber war vierzehn im Achtunddreißiger-Jahr, und es war ein wunderschöner Frühling . . . Ende Juni ging meine Schule zu Ende, und ich wurde zu einer ungarischen Familie an den Balaton-See geschickt. Dort vergaß ich ein paar Wochen lang fast alles, war mit jungen Menschen zusammen, freute mich über den See und die freundlichen Ungarn und lernte Csárdás tanzen.

Dann aber wurde im Familienrat beschlossen (meine Mutter war ein Jahr vorher gestorben), mich im November nach England zu schicken, in Sicherheit zu bringen – durch das Quäker-Komitee für Kinder.

Bis dahin sollte ich ›etwas Nützliches‹ lernen und Englischstunden nehmen. Das Nützliche – ein Kurs in Schneiderei – war sehr bald zu Ende, da mir als ›Nichtarierin‹ die notwendige Mitgliedschaft in einer Nazivereinigung untersagt war . . .

Ein paar Tage nach der ›Kristallnacht‹ standen vier Männer vor unserer Tür, um meinen Vater abzuholen. Sie hatten keinen ›offiziellen‹ Ausweis, und als nach meinem Hilferuf die Hausbewohner zusammenliefen, zogen sie wieder ab. Damals waren solche Wunder noch möglich – wenn auch selten genug.

27. November 1938: Abschied von Verwandten und Freunden, Abschied von Wien. Geld oder Schmuck durfte man nicht mitnehmen – außer zehn Mark. Ich stand im neuen dunkelblauen Mantel und Hut und neuen Schuhen am Autobus, der zum damaligen Flughafen Aspern fuhr. Zwei meiner Freundinnen waren dabei, und wir verabredeten uns für ›den Tag nach Hitlers Tod‹ im polnischen Büfett in der Dorotheengasse. So unwahrscheinlich schien uns damals noch alles, was später geschehen würde ...
Von Aspern ging der Flug zuerst nach München. Dort erwartete mich meine ›arische‹ Großmutter mit einem Stoffhund in der Hand und der Ermahnung, ja nie zu vergessen, daß ich ›ein deutsches Mädchen‹ sei! ›Ich bin Österreicherin und jüdisch, und deshalb muß ich jetzt nach England!‹ war meine wütende Antwort. Den Stoffhund verschenkte ich im nächsten Flugzeug, das mich bis nach Köln brachte. Dort stand eine liebe Schulfreundin meiner Mutter, die mich noch einmal umarmen wollte. Am Brüsseler Flughafen begrüßte mich ein mir unbekannter Freund meines Vaters, und ich stieg um in ein kleines belgisches Flugzeug, das über dem Ärmelkanal auf und ab schaukelte, bis mir zu allen Aufregungen und Ängsten auch noch sehr schlecht wurde.
Aber endlich landete es doch auf dem Flughafen Croydon, und dort erwartete mich unser ehemaliges Kinderfräulein ...
Am nächsten Tag wurde mir ›London gezeigt‹ ... und am Nachmittag wurde ich auf dem Victoria-Bahnhof meiner englischen Gastgeberin übergeben. Da saß ich nun im Zug mit einer kühl wirkenden, fremden Dame, die so schlecht Deutsch sprach wie ich Englisch, und wir fuhren nach Eastbourne an

der Südküste. Später kam mir die totale Übergabe meiner Person so ähnlich vor, wie die der fünfzehnjährigen Erzherzogin Maria Antonia an der französischen Grenze, wo die neue Dauphine von Frankreich nicht nur ihre Gefolgschaft und ihre Sprache ablegen mußte, sondern sich auch in einem Zelt ihrer österreichischen Kleider entledigen mußte. Von jetzt an war auch bei mir alles neu und fremd und anders. Ich hatte kein Gefühl der Dankbarkeit für meine Rettung – und das große Heimweh dieser ersten Tage hat mich 31 Jahre nie ganz verlassen.
Meine Gastgeber, eine Arztfamilie, wohnten in einem großen Haus mit Garten. Sie hatten fünf Kinder, alle jünger als ich. Es gab ein Kinderfräulein, die weder zum Personal noch zur Familie gehörte. Mit ihr mußte ich im Kinderzimmer nachtmahlen, denn die anderen Kinder mußten früher ins Bett, und das Ehepaar dinierte allein in Abendkleid und Smoking. Das Kinderfräulein betrachtete mich vom ersten Augenblick an als einen überflüssigen Eindringling.
Die Hausangestellten waren eine österreichische, jüdische Köchin, die natürlich keine Köchin war, sondern nur als solche Arbeitsbewilligung bekommen hatte, und zwei Hausmädchen meines Alters in Uniform, die sehr streng behandelt und ausgenutzt wurden. Ich durfte mit keiner der drei Angestellten reden. Sie schliefen in ungeheizten Dachkammern und verbrachten die übrige Zeit in den Küchenräumen, wenn sie nicht das Haus reinigten.
Ich war sehr schockiert über diese Zustände, besonders, da ja eine der Angestellten in derselben Situation war wie ich. Ich suchte immer wieder Kontakt mit ihnen, bis mich das boshafte Kinderfräulein wieder dabei erwischte und meinen Gastgebern Bericht erstattete. Ich selbst hatte ein hübsches kleines Zimmer und war viel allein.«
Gitta schildert dann die ihr so fremden Lebensumstände und

vor allem ihre Einsamkeit. Sie begann sich abzukapseln, und sie begann, englische Gedichte zu übersetzen – mit vierzehn Jahren. Man wurde schnell erwachsen im Exil!

»Ich war sicher das undankbarste aller Flüchtlingskinder der damaligen Zeit. Anstatt glücklich zu sein, weinte ich. Und konnte niemandem erklären, wie sehr ich Wärme und Zärtlichkeit gebraucht hätte. Aber die Familie war kühl und sehr, sehr englisch. Und mein Benehmen war sehr, sehr unenglisch – und das war arg ...

Einmal im Monat bekam ich von einer befreundeten englischen Musikhistorikerin ein Pfund als Taschengeld. Das war sehr viel! Fünf Schilling pro Woche zu einer Zeit, wo man bei Woolworth ›nichts über sechs Pennies‹ kaufen konnte. Dort besorgte ich auch Weihnachtsgeschenke für den elfköpfigen Haushalt und hatte noch Geld übrig.

Zu Weihnachten – am 25. Dezember – gab es eine große Bescherung. Die fünf Kinder des Hauses bekamen ihre Geschenke aufgebaut, jedes einen großen Berg, jedes an seinem Platz. Auf einem Stockerl (Hocker) lagen ein blauer Schulkoffer und eine Tafel Schokolade. Und ein Zettel: ›for Gitta‹. Keine Umarmung, kein Kuß, nur Heimweh.«

Dieser letzte Satz war es, der mich darauf brachte, gerade diesen Bericht eines kleinen Mädchens hier aufzunehmen. Denn vom Heimweh künden unendlich viele Memoiren von Flüchtlingen. Und nicht alle Ausgewanderten haben es ertragen; sie haben sich, obgleich ihr Leben nicht mehr unmittelbar bedroht war, dieses Leben dennoch genommen. Sie hatten Österreich und Deutschland geliebt.

* * *

Gitta berichtete weiter, daß ihre Gasteltern das Komitee für Flüchtlingskinder gebeten hatten, für sie einen anderen Platz zu suchen. Und – meine Zufälle? – nachdem sie jetzt in Wien mein Buch gelesen hatte, schrieb sie: Die Familie, zu der man sie schickte, war befreundet mit eben jener Lady Kathleen Oldfield in Cambridge, die durch die Vermittlung unserer tapferen Lehrerin Elisabeth Flügge (wir sind ihr bereits auf Seite 75 begegnet) so vielen Hamburger Juden hat helfen können und die nun auch der kleinen Gitta half. Hilfe war um so nötiger, als Gittas inzwischen nach Cambridge geflohener Vater und sie selbst nach dem Kriegsausbruch interniert und auf die Isle of Man gebracht wurden. Denn plötzlich waren sie »feindliche Ausländer« – ein Schicksal, das bereits ausführlicher geschildert worden ist (s. Seite 73) und das heute viele Jugendliche kennen aus Judith Kerrs zweitem Buch (das dem ersten *Als Hitler das rosa Kaninchen stahl* folgte): *Wir warten auf den Frieden.*

* * *

Was immer ich gelesen habe von Emigranten, die zurückgekommen sind: Ich stelle fest, daß es für unser Leben in Deutschland leichter ist, nie fortgewesen zu sein.

»Wenn ihr euch richtig benehmt, könnte ich das vergessen« – Der Kinderalltag einer »halben Jüdin« zwischen den familiären Fronten

Es gibt das Wort von den »furchtbaren Juristen« – hier möchte ich von einem »furchtbaren Vater« sprechen – und merke, während ich ihn ausspreche, wie problematisch der Ausdruck ist. Und doch:
Am 15. September 1985 wurde im ORF Wien eine Sendung ausgestrahlt unter dem Titel »Menschenbilder«. Der junge

Redakteur, ein »Nachgeborener«, Robert Weichinger, war zwei Tage bei mir, und ich habe aus meinem Leben erzählt. Er wurde während des Zuhörens immer zorniger und verzweifelter.

Ich konnte den Wiener Sender nicht empfangen, bekam aber das Band geschickt. Beim Abhören wuchs nun auch *meine* Verzweiflung stetig.

Ich wußte ja, daß es für »Mischlinge« noch dramatischere Situationen gab als die von meinem Bruder und mir erlebte; bei uns ging es doch wenigstens innerhalb unserer vier Wände friedlich zu, bei liebevollen Eltern, die uns von ihren eigenen Spannungen bewußt fernzuhalten versuchten. Das aber war bei den Kindern Sch. sehr anders: Die »zwischenmenschlichen« Beziehungen der »privilegierten Mischehe« waren geprägt vom Rassismus des »arischen« Vaters gegen seine jüdische hilflose Frau.

Gerda Sch. erzählt vom Tag des deutschen Einmarsches in Wien:

»Mein Vater hat uns mitgenommen, wir sind auf die Ringstraße gegangen, haben gesehen, wie die deutschen Soldaten einmarschiert sind, wir haben auch den Führer gesehen in seinem Wagen mit erhobener Hand . . . das muß in der Nähe des Hotels ›Imperial‹ gewesen sein, weil wir dann auch gesehen haben, wie er auf den Balkon herausgekommen ist. Mein Vater hat mich auf ein Postkastel heraufgehoben, und wir haben auch Fahnen gehabt mit Hakenkreuz. Wir Kinder haben das wahnsinnig lustig gefunden . . .«

Frau Sch., die Mutter, fand das eher wahnsinnig als lustig, zumal ihr Mann unterwegs Freunde in Uniform traf und sie einlud. »Meine Mutter mußte es über sich bringen, diese Leute zum Nachtmahl zu bewirten, und hat sich also diese ganzen Reden, diese ganze Unterhaltung angehört. Sie hat nachher gesagt, am liebsten wäre sie davongelaufen, aber sie hat's gemacht ...«

Aber sie hat's gemacht, hat es ausgehalten – dieses und noch viel mehr.

Ihr Mann lebte seit 1923 in Wien, hatte eine kleine Maschinenfabrik. Er behielt die deutsche Staatsangehörigkeit und gehörte als Illegaler der verbotenen NSDAP an. Nach dem Einmarsch schloß man ihn aus, seiner jüdischen Frau wegen.

»Mein Vater war 20 Jahre älter als die Mutter, also immer dominierend. Für ihn war das Deutsche das Ideal. Und das Rassistische, das Antijüdische hat er immer irgendwie negiert.«

Die Tochter erzählt, daß er bis zu seinem Tod im Jahr 1962 nicht glauben wollte, daß es Konzentrationslager gegeben hat. »Er wollte davon einfach nichts hören und nichts wissen.« (Was allemal das einfachste ist.) Er hat zunächst seinen Kindern verschwiegen, daß sie eine jüdische Mutter hatten. Diese Mutter und ihre Verwandten haben, wie Gerda Sch. sich ausdrückt, »da mitgespielt«.

Mir kommt beim Zuhören der Gedanke: Wie unendlich angstvoll, verschüchtert und willenlos sie alle gewesen sein müssen. Und Frau Sch. war ja auch wirklich von dem »arischen« Mann abhängig ... Man hat ihm geraten, sich von dieser Frau zu trennen. Das hat er nicht getan. Was er aber getan hat, klingt mindestens so grausam. Gerda Sch.:

»Sie hat die Vorwürfe über ihre Rassenzugehörigkeit still geschluckt und das Haus nicht mehr verlassen. Er wollte halt, daß wir uns möglichst deutsch benehmen und also auf seiner Seite sind. Er hat gewußt, daß wir immer noch Kontakt hatten mit den jüdischen Verwandten, und er hat uns das oft vorgeworfen. Und es sind auch schon die Worte ›jüdische Schweine‹ gefallen ...«

Gerda Sch. berichtet von schlimmen Szenen, mit denen erst Schluß war, wenn sie »furchtbar weinte«. Sie hat einmal zu ihrem Vater gesagt: »Wir können doch tun, was wir wollen, du wirst es uns nie verzeihen, daß wir ›halbe Juden‹ sind.« Seine Antwort: »O ja, wenn ihr euch richtig benehmt, könnte ich das vergessen.«

Frau Sch. hat niemals vergessen können. Ihre Tochter berichtet, daß sie bis zum Jahr 1975 mit keinem Wort über diese Zeit und über ihre furchtbaren Ängste gesprochen hat. Dreißig Jahre später mußte man sie ins Spital bringen:

»Sie hat eine Art Zusammenbruch gehabt. Sie war in einem Krankensaal und war zeitweise verwirrt. Sie hat nicht genau gewußt, wo sie ist, und sie hat geglaubt, sie sei in einem Lager und werde zur Vergasung vorbereitet. Und zwar jeden Tag. Immer, wenn die Schwestern die Betten gemacht haben, hat sie es wieder geglaubt. Ich bin jeden Tag zu ihr gegangen und habe ihr erklärt: Nein, Mutter, das ist nicht so, und der Hitler ist nicht da, und das ist kein Lager. Und sie hat gesagt: Na ja, wenn du meinst ... Und am nächsten Tag hat sie es wieder gedacht. Sie ist nicht hysterisch geworden, sie hat keine Zustände bekommen, aber sie hat ganz kühl zur Kenntnis genommen: Jetzt geht's ans Sterben.«

WAS KÖNNEN WIR TUN?

Fragen von Schülern

Es ist eine Binsenwahrheit: Auch Demokratien funktionieren nicht problemlos. Die Unwägbarkeiten des Alltags, die menschlichen Schwächen mancher Politiker, komplizierte politische Themen lassen Schüler oft auf skeptische Distanz zur politischen Ordnung gehen, in der sie leben. Gespräche mit solchen Inhalten sind für mich nicht immer einfach. Aber sie sind für mich ein Grund, zuversichtlich zu sein. Denn diese oft nachdenklich vorgetragene Skepsis, die von Wachsamkeit zeugt, macht, wie ich meine, ein »Nie Wieder!« sicherer.

Einer meiner jungen Zuhörer schrieb mir Ende Mai 1988 aus Hamburg:

»Nach Ihrer Lesung bin ich mit großen Erwartungen zur Lesung von Ralph Giordano gegangen. Zuvor besorgte ich mir sein Buch *Die zweite Schuld oder Von der Last Deutscher zu sein.**

Schon lange beschäftigt mich die Frage, die sich 1985 bei der Lektüre von der ›Welle‹** aufwarf. Wie kann sich ein junger Mensch, wie ich es bin, gegen ›Massenbewegungen‹ und den darauffolgenden blinden Konformismus schützen? Liegt nicht auch eine Faszination in solchen Bewegungen, und wenn es so

* Rasch und Röhring Verlag, Hamburg 1987

** Morton Rhue: Die Welle. Bericht über einen Unterrichtsversuch, der zu weit ging. Otto Maier Verlag, Ravensburg 1985

ist, muß sich dann nicht ein jeder fragen, ob man den ›großen Bruder‹ nur richtig taufen muß, damit man ihm blindlings hinterherläuft? Die einzige Antwort, die Giordano darauf zu geben wußte, war: ›Sei'n Sie wachsam, sei'n Sie wachsam.‹ Ich kam mir ziemlich verloren und vor allen Dingen auch mißverstanden vor ... Ich dachte mir, gerade er muß mich verstehen, wo er doch selber einer ›Massenbewegung‹, zumindest eine Zeitlang, blind gefolgt war*, als er kurz nach Kriegsende in die KPD eintrat. Ich hoffe, daß ich noch einmal die Gelegenheit haben werde, ihm die gleiche Frage stellen zu können ...«
»Die gleiche Frage« wurde auch mir immer wieder gestellt, und dieser Brief des sensiblen Peer-Oliver hat mir später einmal sehr geholfen: In der »Badischen Zeitung« erschien Anfang November 1989 ein Bericht, der überschrieben war: »Allein vor einem schwierigen Thema.« Darunter: »Im Goethe-Gymnasium zog die SMV** einen Projekttag ›Rechtsradikalismus‹ auf.«
Das fand ich imponierend: Schülerinnen und Schüler, die besorgt waren, sammelten und präsentierten wichtige Informationen:
»In den Gängen hatten die Gymnasiasten eine Ausstellung aufgebaut. Zusammengetragen hatten sie Informationen über die Geschichte der NSDAP und des ›Dritten Reiches‹, über Programme und Ziele der ›Republikaner‹, Bilder und Texte über die Not und Lebensumstände von Asylbewerbern sowie auf der Straße eingefangene Meinungen von Passanten zu ›Reizthemen‹, mit denen rechtsradikale Gruppen heute Stimmung machen. Um das Aufzeigen von Parallelen, so sagte die

* Vgl. Ralph Giordano: Die Partei hat immer recht. Herder-Verlag, Freiburg 1990
** Schülermitverwaltung

SMV-Sprecherin, gehe es den Schülern, etwa um die Ähnlichkeit zwischen der ›Sündenbockfunktion‹ der Juden im Nationalsozialismus und der Bedeutung der Asylbewerber für heute auftretende rechtsextreme Gruppen . . .«
Ich schrieb an Birgit E., eine der Initiatorinnen, und schickte ihr mein Buch. Sie lud mich ein, an einem der nächsten Abende über meine Erfahrungen zu sprechen und zu lesen. Zu dieser öffentlichen Veranstaltung waren etwa fünfzig meist junge Menschen gekommen.
Nach der Lesung kamen die Fragen. Aber es waren andere als sonst. Hätte ich den Zeitungsartikel noch genauer gelesen, so wäre mir ein Satz aufgefallen: »Wir glauben, daß sich viele Lehrer ihrer Aufgabe in diesem Punkt nicht bewußt sind. Was den Rechtsradikalismus angeht, fühlen wir uns allein gelassen.« Nun fragten die Schüler mich, was man tun könne.
»Sie dürfen nicht nur Ihre damalige Zeit sehen, Sie müssen ja auch die Gegenwart sehen.« Noch ehe ich antworten konnte, brachte eine Erwachsene alle Probleme ins Gespräch: die Palästinenser, die Banken und die Dritte Welt, Südafrika.
»Ich fühle mich überfordert«, sagte ich. »Für jedes dieser Themen gibt es kundige Referenten.« Glücklicherweise meldete sich eine Zuhörerin, die sagte: »Sie können doch nicht von den Opfern von damals verlangen, daß sie die Probleme von heute lösen, mit Patentrezepten, die es ohnehin nicht gibt.«
Eine Schülerin wollte wissen: »Ab wann hat Ihr Vater Angst gehabt um sein Leben, und ab wann müssen die Asylanten bei uns Angst haben?«
Ich glaubte nicht richtig zu hören.
»Aber: mein Vater stand unter todbringenden Gesetzen, sie wurden ständig tödlicher – bis zur Endlösung. Gibt es bei uns heute solche Gesetze?«

So merkwürdig mich die Vergleiche manchmal anmuteten – und so abwegig auch –, es ist gut, daß sich die Schüler Gedanken machen um die Probleme der heutigen Minderheiten.
»Sei'n Sie wachsam«, hatte Ralph Giordano dem Peer-Oliver gesagt, und der war mit dieser Antwort so wenig zufrieden gewesen wie meine Zuhörer an diesem Abend.
»Was können wir tun?« fragte Birgit noch einmal.
Ich zeigte auf die Stellwände mit den vielen Texten und Bildern, die über den Nationalsozialismus von einst und den Rechtsradikalismus von heute so hervorragend informierten: »Genau das, was Sie tun. Sich informieren, andere informieren. Das unterscheidet Sie alle von den Generationen vor Ihnen. Unsere Eltern und Großeltern wurden kaum politisch erzogen. Sie hatten keine Gegenargumente parat, als die Nazis kamen. Viele haben blindlings alles geglaubt. So etwas wird Ihnen nicht passieren.«

* * *

An eine Frage erinnere ich mich, die mich sehr angerührt hat. Sie kam von einem jungen Mann, den meine Lesung sichtlich mitgenommen hatte.
»Wie können wir Nachgeborenen vermeiden, mit unseren Fragen Menschen, die das alles erlebt haben, zu verletzen? Ich war in Israel und hatte immer Angst, zu fragen.«
Ich sagte ihm, daß selbst wir, die wir nicht in einem grauenhaften Todeslager gewesen sind, den Überlebenden gegenüber manchmal befangen sind.
»Ich glaube, man kann nur auf das eigene Taktgefühl hören. Etwas ›Unerahnbares‹ ist geschehen, es kann gar nicht möglich sein, damit je ohne Befangenheit umzugehen; sie wird bleiben, solange unsere Generation noch lebt.«

* * *

Im März 1987 habe ich im Gymnasium »Hochrad« in Hamburg-Klein-Flottbek das erste Mal auch vor jüngeren Schülerinnen und Schülern gelesen; sie waren dreizehn und vierzehn Jahre alt. Ich war etwas beunruhigt. Aber ich durfte eine Erfahrung machen, die sich seitdem oft wiederholt hat: Die Kinder waren gut vorbereitet worden und entsprechend aufgeschlossen. An diesem Morgen war noch eine Lesung vor Abiturklassen vorgesehen. Auf dem Weg dorthin wurden wir von einer »Abordnung« der Parallelklasse meiner jungen Zuhörer angesprochen, mit Knicks und der freundlichen Frage, ob sie jetzt wohl auch mit zuhören dürften? »Die anderen haben uns erzählt, wie es war.«
Ich war gerührt. Was ich erzählt hatte, war ja wirklich nichts »Schönes« gewesen. – Diesmal ließ sich die Bitte nicht erfüllen. »So ganz ohne Vorbereitung geht das doch nicht«, erklärte ihnen die Lehrerin.

* * *

Wir hatten zu dieser zweiten Lesung Gäste bekommen: Die »kleine Inge« hatte ihre alte Lehrerin, das weiland Fräulein Riecke – nun Frau B. –, mitgebracht. Von ihrem Sich-Einsetzen für die »halbjüdische« Schülerin damals habe ich in meinem Buch erzählt, und nun hatte sie sich gewünscht, einmal in einer Unterrichtsstunde über dieses Thema dabeizusein. Natürlich las ich jene Passage.
Als die Schüler Fragen stellen sollten, wurden beide Gäste in das Gespräch mit einbezogen. Als man Frau B. fragte, ob sie damals nicht Angst gehabt habe, einer »Halbjüdin« zu helfen, gegen die »Nürnberger Gesetze«, mit denen wir ja für lernunwürdig erklärt worden waren, erinnerte sie sich an manches. Gewiß habe sie Angst gehabt. Mit fanatischen Beamten der Schulbehörden war es nicht immer ungefährlich gewesen.

»Aber mein Gewissen war glücklicherweise stärker«, sagte sie. Ich hatte die über Achtzigjährige anläßlich der Buchpräsentation 1984 wiedergesehen. Bei der Gelegenheit hat sie auch ein langes Gespräch mit Ralph Giordano geführt; auch ihm wollte in jenen Jahren als Schüler des Johanneums ein Lehrer helfen. Frau B. ist im November 1989 gestorben.

»Ich war kurz vorher noch bei ihr«, sagte die »kleine Inge«, »und sie hat erzählt, daß diese Schulstunde im ›Hochrad‹ und das Gespräch mit Ralph zu den schönsten Erinnerungen ihrer letzten Jahre gehörten.«

Wir werden sie nicht vergessen. War es doch damals eher an der Tagesordnung gewesen, hilflose, von den Rassegesetzen betroffene *Kinder* zu drangsalieren als ihnen zu helfen. Ich weiß, es ist eine müßige Frage: Wie können solche eiskalten »Pädagogen« mit ihren Erinnerungen leben?

* * *

Nach der Lesung im Gymnasium »Hochrad« wurden die »kleine Inge« und ich von Käthe Starke abgeholt. Ich habe im Kapitel »Die Buchpräsentation« von ihr erzählt. Sie hatte – wie erwähnt – das Ghetto Theresienstadt überlebt. Wir fuhren nach Finkenwerder.

Frau Starke wollte über ihre Erlebnisse nicht an Schulen sprechen. Sie konnte sich ein wirkliches Interesse der Nachgeborenen nicht vorstellen. Hatte sie doch dieses Interesse über vier Jahrzehnte nicht gefunden. Sie hat es in der Zeit des unseligen großen Schweigens vergeblich gesucht und erhofft. Ich dagegen war mit meinem Buch in eine Zeit geraten, in der die neue Generation zu fragen begann. Seither gibt es in Büchern, Filmen, Vorträgen Antworten auf viele der Fragen, die von den Nachkommen gestellt werden. Käthe Starke aber war müde geworden.

Wir gingen lange am Elbufer spazieren; in Finkenwerder, dem einstigen Fischerdorf, haben wir früher unsere Bordeinkäufe gemacht, wenn wir auf dem Segelboot »Jan Black« den Alltag vergaßen und uns für Stunden ein Abenteuerleben zusammenträumten. Als die Überseedampfer an uns vorbeifuhren, mußte ich denken: Hätte eines dieser Schiffe Käthe Starke doch damals mitnehmen können in die Freiheit. Vielleicht hätte sie das Lächeln nicht so verlernt.

* * *

Und doch brachte ich sie an diesem Mittag zum Lächeln. Ich erzählte ihr, was ich im vergangenen Jahr an zwei Schulen hatte erleben dürfen, am 2. und 3. April. »Ich lese immer auch die Passage, in der ich über den ›Boykott‹ 1933 berichte; sie beginnt: ›Am 1. April wurde ich zwölf Jahre alt.‹ Als mein Vortrag zu Ende war, sah ich Schülerinnen mit der Lehrerin sprechen, verschwinden, wiederkommen – mit Blumen. ›Sie hatten gerade Geburtstag‹, sagten sie.«
Frau Starke lächelte. »Es ist gut, daß wenigstens Sie so etwas erleben.«
»Ich bin es nicht alleine«, sagte ich, »für viele Zeitzeugen sind die Reaktionen der jungen Zuhörer tröstlich. Für viele.«

* * *

Bei einer Lesung hatte ich einmal Anlaß, zutiefst zu erschrekken: Ich saß an einer Hamburger Schule nach Vortrag und Diskussion noch mit einigen Damen und Herren des Kollegiums im Lehrerzimmer zusammen. Das Gespräch kam auf das Thema Auschwitz, auf das Singuläre dieses entsetzlichen Ortes. Wir sprachen auch darüber, daß es immer wieder Stimmen gibt, die es wagen, Vergleiche anzustellen.
»Was immer an grausamen und schrecklichen Dingen auf der

Welt geschieht«, sagte ich, »nur in diesem Land allein wurden Menschen fabrikmäßig vernichtet, und zwar buchstäblich wie Ungeziefer.« Eine Lehrerin verließ den Raum; daß es demonstrativ geschah, hatte ich nicht bemerkt. Sie habe später geäußert, so etwas dürfe ich nicht sagen, Jugendliche könnten solche Deutlichkeiten nicht ertragen.

Abgesehen davon, daß ich es im Unterricht nicht gesagt hatte: Wie erklärt diese Geschichtslehrerin ihren Schülern die Ereignisse der »Endlösung«? Die offizielle Bezeichnung derjenigen, die das Gas einfüllten, war: Desinfektoren! Ich habe kurze Zeit darauf Giordanos Buch gelesen: *Wenn Hitler den Krieg gewonnen hätte**. Da gibt es das Kapitel »Von Auschwitz nach Himmlerstadt«, mit dem Untertitel »Eine Scheidung der Asche kann nicht erfolgen«. Es wird die so entsetzliche »Patentanmeldung« einer – rationeller funktionierenden – Verbrennungsanlage (für Menschen) aus dem Jahr 1942 zitiert. Ich wäre nicht einmal imstande, dieses Kapitel laut zu lesen; im Fall solcher Zitate hätte die Pädagogin recht gehabt; sie hätten den Schülern den Schlaf geraubt.

* * *

Einmal habe ich eine Schülerin um den Schlaf gebracht. Es war in einer Hamburger Waldorfschule. Nach der Lesung saß ich noch mit dem Kollegium zusammen, als zwei Schülerinnen zurückkamen. Eine von ihnen war sehr blaß. »Ihr ist nicht gut«, sagte die andere, »darf ich sie nach Hause bringen?«

Leise sagte die Blasse: »Mein Opa war Jude. Er hat aus dem KZ erzählt, aber nicht viel. Beim Zuhören sind mir die Erinne-

* Ralph Giordano: Wenn Hitler den Krieg gewonnen hätte. Die Pläne der Nazis nach dem Endsieg. Rasch und Röhring Verlag, Hamburg 1989

rungen an ihn gekommen. Ich habe nicht gewußt, daß mir das so zusetzt.«

»Ich bringe dich sofort heim«, sagte der Direktor. Und bevor er das Mädchen begleitete, sagte er zu mir: »Wir haben davon nichts gewußt. Wirklich nicht. Sie hat uns das nie erzählt.«

VOM »RASSISCHEN ERSCHEINUNGSBILD« DES M. B.

Im September 1987 hatte man in der einstigen Kreisstadt Müllheim im Markgräflerland die jüdischen ehemaligen Mitbürger eingeladen. Eine sehr aktive und engagierte Bürgergruppe der neuen Generation versuchte auf vielfältige Weise im Spiegel von Dokumenten die lokale Geschichte aufzuarbeiten und »die Opfer und Ermordeten jener Zeit aus Anonymität und würdelosem Vergessen-Sein herauszuheben«. Der Studiendirektor am Müllheimer Gymnasium, Rolf Schuhbauer, arbeitete schon an seinem Buch über Spuren und Stationen der Leidenswege von Müllheimer Juden, das 1988 veröffentlicht wurde.* In dieser Woche sollte ich aus meinem Buch lesen. Und unter dem Eindruck der gemeinsamen Erlebnisse ist ein dort wohnender anderer Überlebender aus seiner Anonymität herausgetreten: der in Freiburg aufgewachsene M. B.

Er war der Sohn eines christlichen Vaters und einer jüdischen, zum Katholizismus konvertierten Mutter. Nach meiner Lesung saß man noch in der Runde jener Bürgergruppe zusammen. Und dort berichtete M. B. aus seinem Leben, zum erstenmal nach dreiundvierzig Jahren. Was er erzählte, war abenteuerlich genug. Er hat überlebt, weil er den Sprung gewagt hat – durchs abgeriegelte Fenster eines Eisenbahnwag-

* Rolf Schuhbauer: »Nehmt dieses kleine Heimatstück.« Spuren und Stationen der Leidenswege von Müllheimer Juden zwischen 1933 und 1945. Hg. von der Stadt Müllheim/Baden, 1988

gons, der den rechtsrheinischen Zipfel des Schweizer Gebietes zwischen Weil und Grenzach (bei Basel) durchfuhr. Mir wurde schon beim Zuhören schwindelig. Unter Lebensgefahr und entsprechend verletzt ist er in der Freiheit angekommen. Er will über sein Erleben selbst schreiben, hat aber zugestimmt, daß ich eines seiner eindrucksvollen Dokumente veröffentliche, von dem ich glaube, daß es den Leserbrief aus Weil (vgl. S. 41) ergänzt. Da hatte Dr. O. etwas angedeutet, worunter ich mir nichts hatte vorstellen können:

»Wir, meine nur ›viertelsjüdische‹ Frau und ich, ›Voll-Arier‹, hatten 1940 geheiratet und uns vorher entwürdigenden, aber erfolgreich bestandenen Untersuchungen auf ›rassische Qualität‹ unterziehen müssen.«

Bei M. B. fand sich dazu Eindeutiges:

»Ich wollte unbedingt studieren«, berichtete er, »was mir jedoch verwehrt war.« Er wußte, daß eine winzige Chance bestand: Zur entwürdigenden Antragsprozedur gehörte u.a. eine »Beurteilung des rassischen Erscheinungsbildes« durch das »Rassenpolitische Amt der NSDAP«, die er vom Anthropologischen Institut der Universität Kiel am 24. Februar 1941 bekam:

»Nach Rücksprache mit dem Rassenpolitischen Amt der NSDAP erschien am 18. 2. 41 der M. B. aus Kiel-Ellerbeck, um sein rassisches Erscheinungsbild zum Zwecke der Studiengenehmigung beurteilen zu lassen.

Die Merkmalsaufnahme ergab im ganzen folgendes:

B. ist mit einer Körpergröße von 167 mittelgroß. Er besitzt einen schmalen Kopf, dessen Verhältnis der Breite zur Länge den Indexwert von 76,8 ergibt. Die Kopfform ist damit als mittellangköpfig zu bezeichnen; sie liegt mit diesem Werte um einige Einheiten unter dem Mittelwert unserer Provinz. Die

Messung der kleinsten Stirnbreite, der Jochbogenbreite und Kiefernwinkelbreite und ihre Auswertung ergeben ein mittelbreites Gesicht, das unter Berücksichtigung der Gesichtshöhe am stärksten dem fälischen Rassetyp entspricht.
Die Haarfarbe entspricht dem Werte M. der Haarfarbentafel und ist damit als Übergang zwischen blond und dunkelblond zu bezeichnen. Die Augenfarbe ist blau (Wert 2a.) und zeigt keinerlei braune Pigmentanlagerung.
Haarform und Gespinst schlicht und grob, Stirn hoch und schwach fliehend, Augen tiefliegend, Deckfalte schwer: Augenbrauen leicht gebogen, schwache Räzelbildung.
Nasenrücken gerade, Nasenboden leicht ansteigend.
Oberlippe gerade, Mund schmal, Lippen voll, aber nicht aufgeworfen.
Gesichtsform annähernd fünfeckig, Seitenlinien nur schwach konvergent, Kinn deutlich ausgeprägt, von vorn schmal, etwas eckig.
Ohr ohne rassisch verwertbare Merkmale oder Besonderheiten.
Das Erscheinungsbild des M. B. entspricht damit weitgehend dem der fälischen Rasse. Es läßt sich selbstverständlich bei einer derartigen Begutachtung, die nicht mehr ins einzelne gehen kann, nichts darüber aussagen, ob anzunehmen ist, daß bei ihm noch andere Rassenmerkmale überdeckt sind. Ein erheblicher fremder Rassenbestandteil ist jedoch auf keinen Fall anzunehmen, da man dann doch eine gewisse Manifestierung auch im Erscheinungsbild erwarten müßte.
Die Frage, ob der Prüfling in seinem Erscheinungsbild Merkmale der vorderasiatischen oder einer anderen fremden Rasse aufweist, läßt sich eindeutig dahingehend beantworten, daß im Erscheinungsbild keine derartigen Rassenmerkmale nachweisbar sind.«

»Bei uns kommt niemand aus den Siedlungsbereichen, wo der ›Lehre‹ nach die ›fälische Rasse‹ ansässig sein soll«, sagte der »Mischling ohne erhebliche fremde Rassenmerkmale« zu mir. »Ich habe übrigens manchmal darüber nachgedacht, ob der Prüfer mir mit dem Kauderwelsch und dem positiven Fazit nicht hat helfen wollen. Ich weiß, daß ich sehr viel Glück hatte.«

* * *

Der Zufall wollte es, daß ich nach der Lektüre dieses »Erscheinungsbildes« des blauäugigen Mischlings ein Buch in die Hand bekam: *Jugend unter Hitler**. Auf den Seiten 74 und 75 fand ich den Hinweis auf das 1938 erschienene Kinderbuch von Ernst Hiemer: *Der Giftpilz.* Da besorgt den bildreichen Unterricht einer 7. Knabenklasse Lehrer Brinkmann – eine Anthropologie für stramme deutsche Buben:
»Man erkennt den Juden auch an den Lippen. Seine Lippen sind meist wulstig. Oft hängt die Unterlippe etwas herab ... Seine Augenlider sind meist dicker und fleischiger als die unseren. Der Blick des Juden ist lauernd und stechend. Man sieht ihm schon an seinen Augen an, daß er ein falscher, verlogener Mensch ist.«
Der Unterricht schließt mit dem von allen Kindern laut vorgelesenen Spruch: »Aus eines Juden Angesicht der böse Teufel zu uns spricht.«

* * *

Sicher gab es nicht nur diesen einen »Lehrer Brinkmann«; wie viele Kinder haben ihren Lehrern vertraut ... Und so fragte eine Freiburgerin, die mir aus ihrem christlichen Engagement heraus einen sehr verzweifelten Brief schrieb:

* Heinz Boberach: Jugend unter Hitler. Fotografierte Zeitgeschichte. Droste Verlag, Düsseldorf 1982

»... Ich frage mich, ob ich damals die Kraft gehabt hätte, Widerstand zu leisten und jüdischen Mitbürgern zu helfen. Heut läßt sich das so einfach mit Ja beantworten ... Von Herzen danke ich Ihnen für Ihr Buch, und wie sehr wünschte ich, daß es nie hätte geschrieben werden müssen ...«

MEINE WANDERUNGEN DURCH DIE MARK BRANDENBURG

Es wird Zeit, zu berichten, wie ich zu den Brielower Freunden kam, die mich – wie zu Anfang dieses Buches geschildert – nach fünfzig Jahren zur Großen Hamburger Straße gebracht hatten ...

Im März 1987 sollte ich in der Evangelischen Akademie Mülheim/Ruhr im Rahmen der Tagung »Alte Magie – Neuer Glaube – Hexen heute« einen Vortrag halten: »Warum sie brennen mußten ... Gedanken zur Hexenverfolgung durch Kirche und Gesellschaft« – 500 Jahre nach dem Erscheinen des grauenhaften ›Hexenhammers‹ (1487) der beiden Dominikaner-Mönche Institoris und Sprenger. Ich hatte 1977 ein Buch, *In tausend Teufels Namen – Hexenwahn am Oberrhein,* veröffentlicht und es mit der Widmung versehen: »Im Gedenken an meinen Vater, der einem Wahn *unseres* Jahrhunderts zum Opfer gefallen ist«.

* * *

Auf dieser Tagung war auch ein Referent aus der damaligen DDR anwesend, der Pfarrer Hans-Ullrich Schulz aus Potsdam. Er war Beauftragter für Schülerarbeit der Evangelischen Kirche von Berlin-Brandenburg. Sein Vortrag hatte mit dem Motto der Tagung nichts zu tun – »Der Ort des Christentums zwischen Idealismus und Materialismus aus der Sicht der Schul- und Schülerarbeit der Evangelischen Kirche in der DDR«.

Das Thema lag nicht unbedingt im Bereich meiner Interessen, und da es sich um den letzten Vortrag der Tagung handelte, hatten meine Freundin Ruth und ich geplant, eher abzureisen, um noch eine Lesung im nahen Voerde vorzubereiten. Der Vortragende des ersten Abends, Thomas Peter Heydrich, sollte »Hexen in Theater, Kunst und Literatur in Liedern und Geschichten« präsentieren; darauf hatte ich mich ganz besonders gefreut. Indessen: Er erschien nicht, hatte Termine durcheinandergebracht und dadurch mein Leben verändert. Denn nun mußte der brandenburgische Pfarrer an diesem ersten Abend für ihn einspringen. Ich war von seinem Vortrag fasziniert und habe ihm später mein Buch gegeben. Am nächsten Morgen sagte er, ich müsse in die DDR kommen, um vor seinen Schülern zu lesen und aus meinem Leben zu erzählen. »Das geht nicht«, sagte ich, die schwierigen und anstrengenden Grenzformalitäten würden bei mir Ängste auslösen. Als wir zwei Abende später Abschied feierten, saß ich zwischen dem Pfarrer und dem Hexen-Märchen-Erzähler. Beide umgaben mich intensiv mit dem blauen Dunst aus ihren Pfeifen, beide sprachen auf mich ein: Die Grenze sei kein Grund, Angst zu bekommen; niemand würde mir ein Haar krümmen, und man würde mich herzlich aufnehmen.

* * *

Im Januar 1988 bekam ich einen Brief vom Evangelischen Landesjugendpfarrer der Mark Brandenburg:
»... nachdem Sie im März eine erfreuliche Begegnung mit unserem Mitarbeiter, dem Schülerpfarrer Schulz, hatten, möchten wir Sie nun sehr herzlich einladen, auf einer unserer Jugendveranstaltungen – einer Schülertagung vom 6. bis 8. Mai 1988 – aus Ihren Büchern zu lesen und aus Ihrem Leben zu erzählen. Für uns ist gerade das Jahr 1988 – 50. Jahrestag der

Reichspogromnacht – Anlaß, uns mit dem jüdischen Erbe in unserem christlichen Glauben zu beschäftigen. Da wir angewiesen sind auf authentische Zeitzeugen, würden wir uns sehr freuen, wenn Sie unserer Einladung Folge leisten könnten. Bitte betrachten Sie sich während des Aufenthaltes in der DDR als Gast der Jugendarbeit der Evangelischen Kirche in Berlin-Brandenburg. Die Mitarbeiter des Schülerkreises werden besonders um Sie bemüht sein.«

Ich schwankte zwischen Dankbarkeit für soviel Vertrauen und Zweifeln: Hatten doch viele der Schüler in der damaligen DDR kaum Chancen, ihren Ausbildungsweg und ihren Beruf frei zu wählen. Sie mußten tun, was man »oben« befand. Durfte ich ihnen da mit meinen Erlebnissen kommen, die vier Jahrzehnte zurücklagen – angereist aus einem Land, in dem heute jeder Schüler lernen kann, was er möchte? Zudem: Ich hatte Angst vor Uniformen, vor den unbeweglichen Gesichtern der Volkspolizisten, vor unkalkulierbaren Grenzaufenthalten. Man wußte von solchen Dingen.

Zu den Glücksfällen, die zu meinem Leben gehören: Ich hatte in Freiburg eine Freundin, Rosemarie, sie ist Ärztin und stammt aus Leipzig. Mehrere Male im Jahr besucht sie dort ihren Vater.

»Ich bringe dich, fahre weiter und hole dich wieder ab«, sagte sie und zückte bereits den Terminkalender.

»Rosemarie«, sagte ich, »wenn ich irgendwo allein bin, kommt diese Platzangst immer noch. Du bist unterwegs nun mal mein Schürzenzipfel, an dem ich mich halten muß. Aber du fährst weiter nach Leipzig.«

»Na und«, fragte ungerührt die Medizinerin, »du bist inzwischen so reisegewöhnt, und nach allem, was du mir von Pfarrer Schulz erzählt hast, ist er gut geeignet, dir einen akzeptablen Schürzenzipfel zu reichen. Und mal im Ernst:

Es ist auch eine moralische Verpflichtung, eine solche Einladung anzunehmen. Wenn du dir das sagst, schaffst du es.«

* * *

In der Zwischenzeit war Herr Schulz nicht mehr Schulpfarrer in Potsdam, er war Gemeindepfarrer geworden im brandenburgischen Brielow und hatte mehrere kleine Gemeinden der Umgebung zu betreuen, im, wie ich es nannte, »Fontane-Land«. Auf meine Zusage hin kam ein Brief, der mich fast beschämte; man freute sich sehr.

* * *

Bei sonnigstem Maiwetter fuhren wir los. Am Grenzübergang erlebte ich, was ich nur vom Fernsehschirm her kannte: die Wachtürme, den Stacheldraht, die Beamten mit den Hunden. Die langen Rohrpostwege unserer Ausweise, die scharfen Blicke, ob wir unseren Paßfotos auch ähnlich seien. Immerhin hatten wir keinerlei Ärger, auch nicht mit dem Paket meiner Taschenbücher, die ich der Kirchengemeinde mitbringen wollte: vierzig *Mauern.*

* * *

Als wir an die Havel kamen, mußte ich natürlich an Fontane denken. Nur durch ihn kannte ich sie, aus seinen *Wanderungen durch die Mark Brandenburg:*

»Die Havel ist ein aparter Fluß; man könnte ihn seiner Form nach den norddeutschen oder Flachlandneckar nennen. Er beschreibt einen Halbkreis, kommt von Norden und geht schließlich wieder gen Norden, und wer sich aus Kindertagen jener primitiven Schaukeln entsinnt, die aus einem Strick zwischen zwei Apfelbäumen bestanden, der hat die geschwungene Linie vor sich, in der sich die Havel auf unseren Karten präsentiert. Das Blau ihres Wassers und ihre zahllosen Buchten (sie ist tatsächlich eine Aneinanderreihung von Seen) machen sie in ihrer Art zu einem Unikum. Das Stückchen Erde, das sie umspannt, eben unser Havelland, ist die Stätte ältester Kultur in diesen Landen. Hier entstanden, hart am Ufer des Flusses hin, die alten Bistümer Brandenburg und Havelberg.«

Im Westteil des Schaukelstricks waren wir, und im West-Havelland lag das kleine Dorf Brielow mit dem adretten Pfarrhaus bei der Kirche, die abends angeleuchtet wurde. Und wirklich wurden wir von dem erhellten Turm empfangen. Als die Familie Schulz uns begrüßte, wußte ich sofort: Wenn Rosemarie, meine »Bezugsperson«, morgen nach Leipzig weiterführe, würde ich mich im Pfarrhaus geborgen fühlen. »Wir erwarten Besuch von Freunden aus unserer Partnergemeinde«, sagte der Pfarrer (der sehr bald für mich »Uli« wurde), als seine Frau Susanne in der Küche verschwand und offenbar so eine Art »Gulaschkanone« vorbereitete. Als diese Freunde eintrafen, gab es erst einmal große Verblüffung: Sie kamen aus Baden, und wir kannten uns.

* * *

Am Abend des 5. Mai habe ich im Gemeindesaal des Pfarrhauses Brielow aus den *Mauern* gelesen und aus meinem Leben erzählt. Die vierzig Taschenbücher – gespendet vom Verlag – wurden einem für mich fast beschämend dankbaren Hörerkreis überlassen, und sie reichten auch für Ulis anwesende Kollegen aus den Nachbargemeinden. Ich begriff: *Wenn* es in der DDR Bücher gab, waren sie zwar meistens gut und preiswert, aber sofort vergriffen.

»Uli«, sagte ich am nächsten Morgen, »ich habe auf der Karte gesehen, daß Oranienburg recht nahe ist.«
»Willst du wirklich dorthin?«
Ob ich wirklich *wollte,* wußte ich nicht. Jedenfalls hatte ich das Gefühl, dort hinfahren zu *müssen.* Was der Vater unter so grauenhaften Umständen gezwungen war zu erleiden, sollte ich wohl in der Geborgenheit, die mir die Freunde gaben, ertragen können.
Wir fuhren eine knappe Stunde in dem für den großen und kräftigen Uli so kleinen und unbequemen Trabbi durch den märkischen Sand.
»Das für die Errichtung des Konzentrationslagers vorgesehene Gelände lag in einem Kiefernwald bei Oranienburg, an der Straße nach Schmachtenhagen und an der Schleuse am Lehnitzsee. Es hatte die Form eines fast gleichschenkligen Dreiecks. Das Gefangenenlager, die Kommandantur sowie ein Industrie- und Bauhof nahmen eine Fläche von zunächst 31 ha ein; sie vergrößerte sich in den nächsten Jahren durch den Bau von SS-Siedlungen auf ca. 126 ha. Bei der Befreiung des Lagers im Jahre 1945 umfaßte das Gelände des Konzentrationslagers 388 ha.«
So las ich's in einer Broschüre*. Im Jahr 1938, als sich nach dem 9. November auch dieses Lager füllte, war es auf 77 Baracken erweitert worden. Im Juni waren »6000 Zigeuner, Arbeitsscheue und Landstreicher«, kriminell Vorbestrafte usw. eingeliefert worden: Nun folgten die Opfer der »Kristallnacht«.

* Sachsenhausen. VEB Deutscher Verlag der Wissenschaften, Berlin 1974. Hrsg. v. d. Lagerarbeitsgemeinschaft Sachsenhausen bei der Zentralleitung des Komitees des Antifaschistischen Widerstandskampfes der DDR.

Da stand ich auf dem berüchtigten Appellplatz; ich sah in die elenden Baracken, in die engen Zellen. Es gab in der einstigen Häftlingsküche ein Lagermuseum, und ich fürchtete mich unsagbar davor, womöglich an Bilder zu geraten, auf denen irgendwo der Vater zu sehen war, bis ich mir sagte: Von hier ist er ja noch lebend zurückgekommen.
Uli hatte in Brielow Blumen erwerben können, rote Tulpen. Ich legte sie auf eine der Pritschen in Baracke 7. Auf dem Lager-Plan stand: Jüdische Häftlinge. In der Dokumentation heißt es:
»... Etwa 6000 von ihnen werden ins KZ Sachsenhausen eingeliefert und ungeschützt der Kälte ausgesetzt. Unter den Zugängen namhafte Künstler, Wissenschaftler, Kaufleute und Arbeiter ...«
»Ungeschützt der Kälte ausgesetzt« – das gehört zu den wenigen Qualen, die ich von dem, was der Vater damals erzählt hatte, im Buch geschildert habe.

* * *

In der Nationalen Mahn- und Gedenkstätte waren in bunter Glasmalerei Szenen wiedergegeben, Szenen des Leidens. Für jedes Land, das von der Hitler-Armee zwischen 1939 und 1945 überfallen worden ist, gibt es einen eigenen Raum. Und hier war auch eine Stätte dem Erinnern an das Warschauer Ghetto gewidmet. Ich bemerkte das mit Genugtuung, weil in der DDR bei solchen Erinnerungen immer eher von »Antifaschisten« als von rassisch Verfolgten gesprochen wurde.

* * *

Wir sind zweimal einer Gruppe von Schülern begegnet; einmal waren es vorwiegend ältere, die vergleichsweise lustlos an diesem verordneten »Tatort-Unterricht« teilnahmen. Eine Gruppe von jüngeren Schülern indessen stand betroffen im

Kreis um die Lehrerin, und ich hörte sie lebhaft und erstaunt Fragen stellen.

* * *

Bei Theodor Fontane las ich:
»So gibt sich die Havel bei Oranienburg, dem unsere heutige Wanderung gilt. Der Weg dahin führt uns an Tegel vorbei, zunächst bis an den romantischen Sandkrug. Noch eine anderthalbstündige Fahrt an Tannenholz und Dörfern vorbei, und wir halten auf einem großstädtisch angelegten Platz, über dem sich eben der prächtigste Regenbogen wölbt. Das ist der Schloßplatz von Oranienburg. Das Wetter klärt sich auf; die Sonne ist da. Das Haus, das uns aufnehmen soll, verbirgt sich fast hinter den Lindenbäumen, die es umstehen, und erweckt, neben manchem anderen, unsere günstigsten Vorurteile auch dadurch, daß wir vernehmen, es sei Rathaus und Gasthaus zugleich. Wo Justiz und Gastlichkeit so nahe zusammenwohnen, da ist es gut sein ...«
Das wird niemals wieder an dieser Stelle gedacht werden können. Was seit 1933 dazugedacht werden muß, hätte sich der Wanderer von damals niemals vorstellen können. Sowenig wie mein Vater als kleiner Junge. Hatte doch mein Großvater Jac Hecht in der Berliner Tauentzienstraße eine Filiale seines Hamburger Antiquitätengeschäftes gehabt. Und es müßte sehr merkwürdig zugegangen sein, wenn diese literarisch interessierte Familie nicht in einer Pferdekutsche auch auf den Spuren des Dichters, dessen Werke vollständig im elterlichen Bücherschrank standen, die Mark Brandenburg durchreist und jenes Gasthaus in Oranienburg besucht hätte.

* * *

Während Susanne und ich noch ein paar Augenblicke auf diesem schrecklich-geschichtsträchtigen Gelände geblieben sind, hat sich Uli draußen erst einmal eine Pfeife angezündet. Beide hatten sich wohl die ganze Zeit um mich gesorgt, sie waren bemüht, sich in meine Situation zu versetzen, und waren mindestens so erschöpft wie ich. »Und nicht einmal einen Kaffee können wir dir auf der Heimfahrt anbieten«, sagte Uli. Es gab unterwegs, fast eine Stunde lang, kein Gasthaus, in dem man sich hätte entspannen können. Wir fanden nur ein winziges Etablissement an der Straße, in Bagow, einem kleinen Dorf. Dort gab es wenigstens Eis. Wir setzten uns auf das Balkönchen. Auf einem Nachbardach klapperte eine Storchenfamilie uns zum erholsamen Vergnügen, denn Störche gab es allenthalben hier an den Weiden, Seen und Teichen. Den Kaffee bekamen wir dann im Pfarrhaus, Susanne hatte köstlichen Rhabarberkuchen gebacken.

* * *

Im Frühjahr 1990, während ich dies schreibe, gilt es, zu dem Datum des 9. November etwas zu bemerken, den ich an diesem 6. Mai in Oranienburg so habe nacherleben müssen. Elie Wiesel gab im Januar 1990 dem »Spiegel« ein Interview. Er sagte zu seinen Befürchtungen über ein großes Deutschland:

»Ich bin für Freizügigkeit, ich bin auch für Freiheit in Berlin, aber ich hätte es gern gesehen, wenn an diesem denkwürdigen Abend in Berlin der Kanzler oder der Bürgermeister oder irgendein anderer gesagt hätte: Heute ist ein ganz besonderer Tag, in mehr als einer Hinsicht; vielleicht liegt darin eine symbolische Bedeutung. Schließlich ist der 9. November auch das Datum der schändlichen Reichskristallnacht. Warum gab es nicht einen Augenblick des Schweigens und der Besinnung zu Ehren der Opfer? Nun, der 9. November 1938 war schon vergessen oder doch zumindest vom 9. November 1989 überlagert. Da frage ich mich: Was wird sonst noch alles vergessen werden?«

Ich habe erfahren: Auch nach diesem 9. November 1989 bin ich zu Lesungen eingeladen worden, anläßlich der »Kristallnacht«-Erinnerungen. Alle meine Gastgeber haben mich auf diese *beiden Dimensionen des Datums* angesprochen. Und ich durfte feststellen: Wer sich verantwortlich fühlt für unsere Geschichte, wird das Jahr 1938 nicht verdrängen, wenn er sich über das Jahr 1989 freut. Niemand kann etwas für diesen »Treppenwitz der Weltgeschichte«. Wir werden immer daran denken und darauf achten. Um mit Elie Wiesels Worten abzuschließen: »Die Folge dieser Befreiung darf nicht Beschädigung der Erinnerung sein.«

Ich hatte schon in Oranienburg, am Appellplatz, vor den Baracken und vor schrecklichen Tatorten gedacht, was Wiesel nun aussprach:

»Keinem Volk, keiner Person, keiner Gruppe, keinem Gewissen sei das Vergessen gestattet: Wir haben diese furchtbaren Zeiten durchlebt; *alles, was uns bleibt, ist die Erinnerung.«*

Wir müssen uns aber auch darum bemühen, das den Nachgeborenen *behutsam* klarzumachen.

Hirschluch

Im Jahr 1925 haben Mitarbeiter des Jugendamtes Berlin für 50000 Reichsmark ein Ödland-Grundstück bei Storkow nahe der polnischen Grenze gekauft. Es gab nur ein Wirtschaftshaus und einen kleinen Weiher. Der Grund: 1924 hatte der Reichstag gesetzliche Urlaubszeiten für Jugendliche beschlossen; aber sie wußten mit dieser Zeit nichts anzufangen, die Kriminalität stieg. Dem galt es Abhilfe zu schaffen. Es wurde

der »Hirschluchverein« gegründet. Man baute Hütten und Häuschen als Jugendherbergen. Die jungen Leute, die zum Wochenende kamen, halfen beim Aufforsten, es wurden Kiefern gepflanzt. Die »jugendbewegte« Zeit war angebrochen, man betete, tanzte, spielte.
Hirsch-Luch, bereits um 1200 erwähnt, inspirierte die jungen Christen. »Wie der Hirsch schreit nach frischem Wasser, so schreit meine Seele, Gott, zu dir.« (Psalmwort, Ps. 42)
Nach vielen den Zeitläuften entsprechenden wechselvollen Verwendungen konnte 1945 die Evangelische Kirche Brandenburg das Anwesen kaufen. In der DDR wurden solche Tagungen »Jugendrüsten« genannt. Zu so einer Jugendrüste hatte man mich eingeladen. Das Motto lautete: »Bibel und Judentum«.

* * *

Ich war begeistert von dem einsam in einem Kiefernwäldchen gelegenen Komplex. Die alten Wanderzeiten kehrten in die Erinnerung zurück. Wälder, Heide, Sand, Seen, Jugendherbergsatmosphäre. Zum Programm gehörte ein »Jüdischer Abend«. Ungefähr siebzig Jugendliche waren gekommen. Sie kamen nicht alle, weil sie nun besonders fromm waren – sie kamen, weil sie in dieser Umgebung aufatmen konnten und mal etwas anderes hörten als nur die Sprücheklopferei der FDJ. Und sie waren dankbar für jedes geistige Angebot.

* * *

Uns wurden jüdische Bräuche erklärt. Im Mittelpunkt der Informationen stand diesmal das Chanukka-Fest, das im Dezember gefeiert wird. Ich fand es lieb und originell, daß jeder ein Säckchen bekam, mit vielen Nüssen und einer Art Kreisel, auf dem vier hebräische Buchstaben standen. Wir lernten, daß das zu einem sehr volkstümlichen Spiel gehörte, hebräisch hieß es *Swiwon*, das Wort für Kreisel. An Chanukka, einem nachbiblischen Fest, beschenkte man vor allem die Kinder; es ist entstanden zur Erinnerung an den Aufstand und den Befreiungskampf der Makkabäer gegen die hellenistische Oberherrschaft im Jahr 167–165 vor der Zeitrechnung. Zur Erinnerung an die neue Tempelweihe nach der griechischen Entweihung werden Lichter angezündet.

* * *

»Sie sind die erste Jüdin, die wir kennenlernen«, sagte eines der Mädchen, und mir wurde klar: Hier befassen sich junge Menschen mit der biblischen Geschichte, die keine Juden gekannt haben.

»Und ich kann euch nur ›halb‹ helfen«, sagte ich und erklärte ihnen die absurde nationalsozialistische Arithmetik der »Mischlinge ersten und zweiten Grades«:

»Man nannte mich Halbjüdin oder Halbarierin. Wenn ich das übertrage auf Kinder aus christlichen Mischehen, muß ich von ›Halbkatholikin‹ oder ›Halbprotestantin‹ sprechen. Nur: Niemandem von uns war damals danach zumute, derart Lächerliches dem Lächerlichen preiszugeben. Ich sage das nur, weil ein Millionenheer von Erfüllungsgehilfen das alles überhaupt nicht lächerlich gefunden hat. Erwachsene Leute haben diese Formulierungen geschaffen und sie ständig verwendet.«

Zum Thema des Abends aber konnte ich Konkretes beisteuern: die Melodie des Chanukka-Liedes. Der Text lag uns phonetisch vor: »Maoz zur jeschuati – Zuflucht, meiner Hilfe Hort / Dir gebühret Lobgesang«.

Zwei Musikstudenten, Roland und Andreas aus Freiburg, setzten meine zaghaft herausgebrachten Töne, wie sie aus ferner Erinnerung kamen und sicher nicht ganz stimmten, in Noten um, und eine Stunde später konnten sie sie auf ihren Gitarren intonieren. Chanukka im Mai ...

Wie ich zu der Melodie gekommen bin?

In meinem Buch beschreibe ich, daß mein evangelischer Religionslehrer in der Schule erfahren hatte, daß ich »Halb-Jüdin« – oder »Halb-Arierin« sei. Er hatte daraufhin begonnen, mich zu ignorieren, und dann ignorierte ich ihn und seinen Unterricht. Meinen Eltern war das Vakuum etwas unheimlich, und also ging ich mit den jüdischen Klassenkameradinnen zum israelitischen Religionsunterricht in den nahen Tempel (in der Oberstraße). Das muß um die Chanukka-Zeit gewesen sein, denn diese erste Zeile des schönen Liedes und die Melodie, die mir so sehr gefiel, sind das einzige, was ich von dem Versuch, in jener Religion vielleicht heimisch zu werden, behalten habe.

Am Abend las ich aus meinem Buch, vor den jungen Gästen, die dazumal selbst noch so unter Druck haben leben müssen. Diszipliniert und – was ich sehr spürte – zunehmend interessiert hörten sie mir zu. Was mich dann überraschte: Sie stellten die gleichen Fragen wie »unsere« Schüler. Da kam vor allem stets aufs neue die nach dem wieder aufkeimenden Neonazismus, der sich – was ich nicht gewußt hatte – auch in der DDR bemerkbar zu machen begann. Wir saßen noch lange zusammen, und als ich später in einem winzigen Kabuff unseres Häuschens in meinem »Einzelzimmer« schlafen ging, zu ebener Erde, das Kiefernwäldchen gleich hinter dem Fenster, da war ich sehr glücklich. Damals, als wir aus Hamburg in den Jugendherbergen ankamen, »aus grauer Städte Mauern« geflüchtet, hatten wir das Gefühl, den Alltag weit zurückgelassen zu haben, tief durchatmen zu können, ohne Angst. Hier, wo mich der Alltag nicht mehr zu schrecken brauchte, wo von

»grauer Städte Mauern« im »von der Sonne verwöhnten« Freiburg keine Rede mehr sein konnte, hatte ich das gute Gefühl: Da hat sich das Rad meiner Geschichte noch einmal ein kleines Stück zurückgedreht, jedenfalls das der freundlichen Seite eines kleinen Stücks Romantik.
Am nächsten Tag gingen wir morgens früh auf den seit einem Jahr von der Dorfgemeinde Storkow betreuten kleinen jüdischen Friedhof. Die Pfarrer haben uns hier und da die hebräischen Inschriften der verwitterten Steine entziffern können. Aber für diese jungen Christen waren das Relikte einer fremden nicht mehr bestehenden Welt. Um so dankbarer war ich den Initiatoren der Evangelischen Schülerarbeit in Brandenburg, daß sie nun begannen, auch dieses Stück Vergangenheit aufzuarbeiten.

* * *

Das lange Frühstück galt der Verabschiedung der Gruppe untereinander und auch von mir. Ein junger Mann hatte mich an einen langen Tisch geholt:
»Es ist der höchste, Sie sitzen da bequemer.«
Und ein Mädchen sagte:
»Ich hab' gehört, Sie haben Probleme mit unserer fetten Wurst. Ich habe Ihnen ein Ei organisiert, weich gekocht. Okay?«
»Okay«, sagte ich gerührt. (Dieses lakonische Okay, dem man in keinem amerikanischen Film und in keiner Unterhaltung mehr entgehen kann, war also auch hier angelangt!)
Zum Frühstück hatte jeder von zu Hause etwas Besonderes mitgebracht. Ich feierte eine Wiederbegegnung mit einer Köstlichkeit, die bei uns vor lauter Super-Köstlichkeiten längst vergessen ist, mit dem »Kalten Hund«, einer Kreation aus Leibnizkeksen, aufeinandergeschichtet und zusammengehalten durch Kakao und Fett. Es schmeckte mir großartig.
Dieser Sonntag fiel auf den 8. Mai, den Jahrestag der Befrei-

ung. Ich war die einzige, die ihn erlebt hatte unter diesen vielen Nachgeborenen. Und ich sollte davon erzählen. Damals wohnten wir im breisgauischen Staufen, im Kornhaus am Marktplatz. Am frühen Morgen hatten wir im Lebensmittelgeschäft je eine Flasche Kirschwasser aus der weltberühmten Schladerer-Brennerei bekommen. Daran hätte ich mich vielleicht nicht einmal erinnert, wenn nicht die Frau des Ortsgruppenleiters neben mir gestanden hätte. Sie sagte, ihr Mann sei fest davon überzeugt, daß heute noch die V3 eingesetzt werde. Das war die sogenannte »Wunderwaffe«, mit der man den Menschen, die ja tagtäglich sahen, was geschah, Hoffnung zu machen versuchte. Noch wagte niemand bitter zu lachen! Denn noch schoß vom nahen Münstertal die SS in unsere kleine Stadt. Und man wußte, daß sie weiter morden würde, wo immer ihr ein Zugriff möglich war. Verbrannte Erde, totgeschlagene Menschen. Im Münstertal war in diesen letzten Tagen ein Geistlicher umgebracht worden ...

Wir konnten von unserem Fenster aus die Hauptstraße hinuntersehen. Da kamen die dunkelhäutigen Spahi-Truppen* der französischen Armee heraufgeritten, in weißen Mänteln, fast wie in einem orientalischen Märchen.

»Ich bin sehr bald auf die Kommandantur gegangen und habe gebeten, daß man uns, falls die SS doch noch mal in Staufen einfällt, ein Stück mit zurücknimmt. Glücklicherweise ist es dazu nicht mehr gekommen.«

* * *

Vor dem allgemeinen Aufbruch in Hirschluch bekam ich eine Liste überreicht, die mitzunehmen ich voller Gottvertrauen

* Bezeichnung für die von den Franzosen in Nordafrika aufgestellten einheimischen Reiterregimente

versprochen hatte: siebzig Jugendliche hatten mir Namen und Adressen aufgeschrieben, sie wünschten sich mein Buch. Freunde aus Freiburg und Hamburg, auch der Verlag, haben gespendet und diese Wünsche erfüllt – und der DDR-Zoll auf seine Weise auch. Er hat das Paket nach einigen Rückfragen durchgelassen.
Die Antwortbriefe dieser nach historischer Literatur hungernden jungen Leser aus Brandenburg, Potsdam, Berlin sind mir in meiner Sammlung mit am wichtigsten.

* * *

Damals habe ich auch die Lehrerin Isolde J. aus Beelitz kennengelernt. Im Juni 1989 schrieb sie:
»Zur Stunde läuft im DDR-Fernsehen eine amerikanische Verfilmung des Lebens der Anne Frank. Wie ich es jetzt doch wieder einmal bedaure, keinen Fernseher zu haben. Das macht mich heute abend sehr unglücklich.«
Frau J. hatte mir erzählt, daß sie die Abschnitte der Erinnerungen von Miep Gies: *Meine Zeit mit Anne Frank*, die in der DDR damals als Zeitungsserie erschienen, jeweils aufbewahrt hatte.* Ich schickte ihr das Buch. Dafür bedankte sie sich jetzt und erzählte, daß sie mit ihren jungen Schülern eine Schautafel gemalt habe, mit den Ereignissen im »Hinterhaus« in der Prinsengracht, wie Anne sie geschildert hat. »Inzwischen habe ich mit den Kindern die Bilder im Buch angesehen. Sie sind voller Anteilnahme und Aufmerksamkeit. Ich versuche mir manchmal ihre Gesichter vorzustellen, wenn sie das ganze Ausmaß an Geschehenem erfahren.«

* * *

* Miep Gies: Meine Zeit mit Anne Frank. Scherz Verlag, München 1987 (kurze Zeit darauf erschien das Buch auch in der damaligen DDR).

Anfangs habe ich erwähnt, daß die eigentlich zufällige Begegnung mit Pfarrer Schulz mein Leben verändert habe: Ich kann mir die Reaktionen auf mein Buch nämlich nicht mehr vorstellen ohne die Erinnerungen an die ersten Eindrücke von der ehemaligen DDR, an die Fahrt nach Oranienburg-Sachsenhausen und ohne die Freundschaften, die ich dort schließen durfte.

DAS THEATERSTÜCK

Als die Dramaturgin Ingrid Storch Anfang 1987 zu mir kam und mich fragte, ob sie aus dem Text meines Buches eine Bühnenfassung machen dürfe, war ich überrascht. Eigentlich hatte ich mir eine solche Umsetzung nicht vorstellen können, aber ein Jahr vorher hatte ein Produzent aus Dallas bei der Bühnenverlegerin Stefani Hunzinger in Bad Homburg angerufen und mit Superangeboten für die Filmrechte viel Wirbel gemacht. Es ist dann doch nicht dazu gekommen, aber seither hatte es immer mal wieder ähnliche Überlegungen gegeben.

Ingrid ging also an die Arbeit. Sie ist über zwanzig Jahre jünger als ich. Wie sollte sie die Atmosphäre schaffen, in der wir gelebt haben, wie sollte sie mit unseren Sorgen, mit unserer Sprache zurechtkommen? Aber sie tauchte wirklich ein in unsere Zeit, las viel Sekundärliteratur, viel Zeitgeschichte. Und so kam es zu einer Zusammenarbeit, die niemals einfach war, aber Ingrids dramaturgische Einfälle entstanden aus einer immer intensiveren Einfühlung, haben mich zunehmend beeindruckt. Über unsere Zusammenarbeit mit der Bühnenverlegerin könnte ich ein ganzes Kapitel schreiben. Wir fuhren zu ihr nach Bad Homburg. Da saßen wir dann und gingen die Texte Szene für Szene durch. Ich machte dabei Erfahrungen, die mich manchmal sehr verwunderten. Wie ich an anderer Stelle schon erwähnte, hatten mein Bruder und ich das große Glück gehabt, unsere Eltern niemals im Streit erleben zu müssen. Natürlich spürten wir die Spannungen, die ja dann

auch dazu führten, daß die Scheidung eingereicht wurde – im Jahr 1932. Aber wir durften erleben, daß sich die innere und äußere Trennung, wenn ich das so ausdrücken darf, in menschlicher Würde vollzog. Ich habe im Buch beschrieben, daß die Mutter nach Hitlers »Machtergreifung« darauf bestand, daß der Vater trotz der Scheidung im Haus blieb, unter dem »schützenden« Dach, das ihm die »privilegierte Mischehe« noch eine Zeitlang gewähren konnte. (Eine »Mischehe« galt als »privilegiert«, wenn Kinder da waren.)
Auch diese Ereignisse gehörten ins Theaterstück.
»Bei euch ging es so friedlich zu. Die Eltern haben weiter in einem Haus zusammengelebt, so was gibt es doch gar nicht«, sagte Stefanie.
Was sollte ich nun dazu sagen ...?
»Wenn Dinge geschehen, die es eigentlich gar nicht geben könnte – wie die ›Nürnberger Gesetze‹ zum Beispiel –, dann ändert sich eben auch das menschliche Verhalten, glücklicherweise«, sagte ich.
Und dann gehörte auch auf die Bühne, daß mein Bruder mit vierzehn Jahren aus dem HSV flog.
»Furchtbar«, sagte Stefanie. »Das ist doch für ein Kind furchtbar. Mußte er nicht Aggressionen entwickeln gegen den Vater? Hätte er nicht lieber einen ›arischen‹ Vater gehabt? Wäre das nicht ›kindgerecht‹?«
Ihr Götter – nein!
»Wir waren eben nicht mehr ›kindgerecht‹«, sagte ich.
Man wollte etwas mehr Dramatik auf die Bühne bringen. Meine Texte waren zu »sanft«.
»Unsere Realitäten hatten mehr Dramatik, als irgend jemandem lieb sein konnte«, fand ich.
Aber dennoch ließen sich viele wichtige Gedanken aus solchen Gesprächsrunden umsetzen – eine ganz neue Erfahrung

für mich. Und so lag eines Tages auch unser Manuskript in Stefanis Regalen, zwischen den klangvollen Namen ihrer Erfolgsautoren wie Christine Brückner, Siegfried Lenz, Patrick Süskind, Thomas Strittmatter, Gabriele Wohmann zum Beispiel . . .

* * *

Als Thomas Held erfuhr, daß aus dem Thema des Buches ein Theaterstück entstanden war, erzählte er seinem Freund, dem Regisseur und Schauspieler Wilfried Dziallas, davon. Beide kamen nach Freiburg, denn Dziallas war sofort daran interessiert, es in eigener Regie aufzuführen.

Thomas war Mitbegründer der »Gesellschaft für Wissenschaft und Kommunikation e.V.« in Hamburg und begann sofort mit den Vorbereitungen. Denn es bedurfte der Mäzene. (Mit diesen Aktivitäten wollte ich allerdings nichts zu tun haben.) Ein Jahr lang haben sich die Beteiligten äußerste Mühe gegeben, eine Gruppe von Förderern zusammenzubekommen. War doch das bevorstehende Datum des 9. November 1988 – 50. Wiederkehr der sogenannten »Reichskristallnacht« – ein geeigneter Zeitpunkt für die Uraufführung, und zwar auf einer Bühne *der* Stadt, in der sich die dargestellten Ereignisse abgespielt hatten.

Viele Einzelpersonen haben Hilfe zugesagt, auch einige Institutionen. Doch das Fehlende konnte nur die Hamburger Kulturbehörde aufbringen. Sie schrieb am 4. August 1988 an die »Gesellschaft für Kommunikation und Wissenschaft«:

»Die Kulturbehörde bedauert es nun sehr, Ihnen als Ergebnis mitteilen zu müssen, daß Mittel für eine Bezuschussung der Inszenierung nicht mehr zur Verfügung stehen. Zunächst einmal sind die Mittel für die Förderungen von freien Theatergruppen bzw. freien Theaterprojekten bereits am Anfang des Jahres aufgrund einer Jury-Entscheidung vollständig vergeben worden. Trotzdem bestand zunächst noch eine Hoffnung, daß es möglich sein würde, aus dem sogenannten 1988 neu eingerichteten ›Feuerwehrtopf‹ das Projekt zu bezuschussen. Inzwischen hat der Präses der Kulturbehörde über die Vergabe des Feuerwehrtopfs entdültig entschieden. Dabei hat sich ergeben, daß in Abwägung zahlreicher ebenfalls sehr interessanter und wichtiger Projekte und begrenzter Mittel eine Bezuschussung des von Ihnen geplanten Projekts nicht möglich ist. Die Kulturbehörde bedauert es, Ihnen keinen günstigeren Bescheid geben zu können.«

Damit hatten sich die Hamburger Hoffnungen als vergeblich erwiesen, nicht aber die für eine Uraufführung zu jenem Datum. Denn im Frühjahr 1988 hatte den Verlag eine andere Anfrage erreicht: das Jakobus-Theater, das zum Kinder- und Jugendtheater Karlsruhe gehörte, suchte ein Stück, das zum 9. November paßte. Damit begann in meinem Leben ein neuer Abschnitt. Denn die Menschen, die ich nun kennenlernte, haben es fertiggebracht, sich fünfzig Jahre zurückzuversetzen: Sie haben versucht, für eine Spanne Zeit unser Leben, das sie nur aus Berichten und aus meinem Buch kennen konnten, nachzuleben. Es waren Laien, die sich fast ein Jahr lang an vielen Abenden und an vielen Wochenenden in eine andere Zeit einzufühlen lernten und dabei auch viel Kraft geopfert haben. Als ich wußte, daß ich dieses zweite Buch schreiben wollte, ist mir sofort der Gedanke gekommen: ihnen würde ich es widmen.

Zu Beginn ihrer gemeinsamen Arbeit schrieb mir die Prinzipalin Jutta Berendes, was sie am Jugendtheater interessierte: Als eine der ersten deutschen Bühnen hat ihre Gruppe das *Tagebuch der Anne Frank* gespielt. In ihren anderen Stücken haben die Schauspieler sich auch der Not von Minderheiten angenommen, des menschlichen und sozialen Unrechts. Sie waren mit Leonie Ossowskis Jugendstück *Voll auf der Rolle* in England gewesen, im Lace Market Theatre von Nottingham. Auch mit dem russischen Stück *Boykott* von Wladimir Shelesnikow hatte man sie ins Ausland eingeladen, nach Kaposvar in Ungarn.

* * *

Im Sommer 1988 kam, auf Einladung seiner Hamburger Schulkameraden, mein Bruder aus Mittelamerika. In jener Zeit, im August, lud die Theatergruppe Ingrid und mich zu einer ersten Probe ein. Wir fuhren nach Karlsruhe, aus Hamburg kam die »kleine Inge« dazu, aus Baden-Baden der uns freundschaftlich verbundene SWF-Redakteur Michael Altrichter. Man probte, weil die große Bühne in der »Fabrik« erst im November frei sein würde, noch im Keller der Jakobuskirche. Der Regisseur war Paulus Stein. Daß er zur Partnergemeinde der Evangelischen Kirche Brandenburgs gehörte und also meine Brielower Freunde bestens kannte, gehört erneut zu den schönen Zufällen in meinem Leben.

An diesem Probetag gab es noch kein Bühnenbild und natürlich auch keine Kostüme. Jutta Berendes erzählte, daß man nach unseren Fotos sowohl Kleider als auch Möbel besorgen würde. »Euer Grammophon haben wir schon!«

* * *

Dreißig kleine Szenen sollten zwölf Jahre unseres Lebens wiedergeben. Eine harte Anforderung an Laienspieler, die tagsüber ihren Berufen nachgingen.

In der ersten Szene sitzen Mutter und Tochter am Tisch und besehen sich ein Familienalbum. Der Bruder kommt dazu, dann der Vater. – Wir waren sehr bald »gefesselt«. Und wußten nach einer Stunde: Die Atmosphäre stimmte.

In einer Karlsruher Zeitung stand wenige Tage später:

»An einem Abend im August standen sie sich zum ersten Mal gegenüber: Ingeborg Hecht war aus Freiburg gekommen, um Ingeborg Hecht zu treffen. Doch die, die sie in Karlsruhe traf, heißt eigentlich Christiane Busse ... ›Am Anfang habe ich vieles zu dramatisch gespielt, weil mir zum Beispiel bei dem Wort Theresienstadt so viele Dinge eingefallen sind, die die Menschen damals gar nicht wußten oder nur ahnten‹, erzählt Christiane. Für sie war es sehr beeindruckend, Ingeborg Hecht kennenzulernen. ›Ich fühle mich stark zu ihr hingezogen‹, sagt die junge Frau nachdenklich. Sie hat sich wie alle Schauspieler stark mit dem Stück auseinandergesetzt, sich intensiv mit der damaligen Zeit beschäftigt. ›Als Frau Hecht im August kam, lag eine unheimliche Spannung über uns. Ich war so betroffen, daß ich eine Szene nicht zu Ende spielen konnte, ich mußte einfach weinen.‹«

Da gab es eine Szene, in der Christiane – als fünfzehnjährige Ingeborg – aus dem Redaktionsbüro einer Hamburger Zeitung kommen mußte. Sie war als Volontärin angenommen worden und sollte nun noch einen Fragebogen ausfüllen. Sie setzte sich an einen Tisch und begann den Fragebogentext zu lesen:

»1. Das Bewerbungsformular ist vollständig und wahrheitsgemäß auszufüllen. Wer falsche Angaben macht, muß mit einem Strafverfahren rechnen ... Ein Ariernachweis ist beizufügen.‹ (In der Regieanweisung steht: legt die Unterlagen auf den Tisch, steckt den Stift wieder ein und geht langsam hinaus.)«

Christiane las den Text laut, legte langsam den Stift auf den Tisch und begann zu weinen. Alles war still. Paulus Stein sah sie aufmerksam an.

Eine großartige Schauspielerin, dachte ich. Aber, mein Gott, sie weinte ja wirklich!

»Wir machen eine Pause«, sagte der Regisseur und legte den

Arm um Christiane. Ich stand auf, ging zu ihr. Versuchte selbst, die Tränen hinunterzuschlucken …
»Christiane«, sagte ich, »das werde ich Ihnen nie vergessen.«
Sie zündete sich eine Zigarette an. – Später probte man weiter. Szenen ohne Christiane.
Und als man für diesen Nachmittag Schluß machte, sah ich meinen Bruder mit seinem jungen Interpreten, der den Fußball noch unterm Arm hatte, zusammenhocken, und Wolfgang sagte:
»Ich beschreibe ihm gerade unsere HSV-Stutzen …«

* * *

An der liebevoll bestückten Kaffeetafel, die oben im Gemeindesaal gedeckt war, begann sich die Spannung zu lösen. Christiane und ich saßen nebeneinander. Ich mußte sie immerzu ansehen; sie wirkte noch so mitgenommen.
»Wir können uns das alles doch gar nicht vorstellen«, sagte sie. »Und nun sind Sie da, und ich weiß, daß Sie das wirklich erlebt haben.«
Ingrid und ich waren fast ein wenig atemlos. Wir waren beglückt darüber, wie sehr uns die Spieler verstanden hatten.
Als wir uns an diesem Abend trennten, sagte der Regisseur: »Eure Reaktionen sind sehr hilfreich. Denn viel Arbeit liegt noch vor uns.«
Das ließ sich denken. Nicht zuletzt, weil alle tagsüber arbeiteten: als Anwalt, Architekt, Lehrer, Justizsekretärin, oder studierten.
Unser SWF-Freund hatte versprochen, alte Filmmelodien, die zu unseren Szenen paßten, ausfindig zu machen.

* * *

Am 6. November sollte Premiere sein. Aber erst Anfang Oktober konnte die Gruppe mit ihren Requisiten in das Kinder- und Jugendtheater in der Kaiserallee umziehen. Vieles müsse dort neu einstudiert werden, erzählten die Akteure, mit der Beleuchtung sei es auch anders als im kleinen Probenraum. »Wir selbst hören uns anders an.«

»Ich komme zur Premiere wieder«, sagte die »kleine Inge«, »obgleich ich Angst davor habe, wenn auch aus anderen Gründen als Sie.«

Ja, wir alle hatten Angst. Wolfgang würde nicht dabei sein, seine Reisezeit war vorbei, er flog nach Mittelamerika zurück.

»Ich glaube«, sagte er, »ich würde das gar nicht verkraften.«

* * *

Noch einmal etwas zu den schon erwähnten »Mampes« (s. S. 95f.): In der 10. Szene sitzen Ingeborg, Wolfgang und Manon – Untermieterin bei uns – im Wohnzimmer. Manon erzählt, daß sie nach Berlin gehen wird und Ingeborg dorthin einladen möchte.

»Manon: ... wenn du mit der Schule fertig bist. Dann gehen wir richtig aus.

Ingeborg: Mit der Schule fertig sein *muß*. – Was sollen ›Untermenschen‹ auch mit höherer Bildung. Unsere Lehrerin sagt, Mädchen heiraten sowieso und kriegen Kinder. Sie sagt mir allerdings nicht, *wen* ich heiraten soll. Arier darf ich nicht, Juden wandern aus. Halbjuden kenn ich nicht. Aber sie will mir ein Empfehlungsschreiben geben, mit dem ich mich jetzt schon beim ›Hamburger Fremdenblatt‹ als Volontärin bewerben kann. Wenn ich nicht studieren darf, will ich wenigstens schreiben. Werd ich also doch Rasender Reporter. Das hat mir Wolfgang schon prophezeit, als wir noch Indianer gespielt haben.

Manon: (zu Wolfgang) Und was willst du später machen? (Wolfgang reagiert nicht.)

Manon: (setzt sich zu ihm auf die Stuhllehne) Sprichst du nicht mehr mit mir?

Wolfgang: Ich lese in der Bibel – falls ihr wißt, was das ist.

Manon: (betont) *Mampe halb und halb,* was ist denn? (Beide sehen Manon fragend an.)

Ingeborg: Mampe halb und halb?????

Manon: Die neueste Bezeichnung für Halb-Arier, Halb-Juden. Das haben sich natürlich die Berliner einfallen lassen, keß wie die sind.

Ingeborg: Aber das ist doch ein Likör.

Manon: Was Süffiges. Paßt doch. Und dazu: Was sehr Edles. (Zu Wolfgang:) Hast du was gegen Schwarzen Humor?«

Nicht immer war man in der Stimmung zu solchem »Schwarzen Humor«. Aber manchmal war er hilfreich.

* * *

Und dann kam der Abend der Premiere. Die Fabrik war bis auf den letzten Platz und noch darüber hinaus besetzt. Einige meiner Freiburger Freunde waren mitgekommen, natürlich auch Stefani Hunzinger aus Bad Homburg. Aus Brielow hatten wir Susanne und Uli dabei (das war ein kleines Wunder!), und zu meiner großen Freude war Lotte Paepckes* Sohn Peter gekommen, der das Schicksal der »Mischlinge« aus eigenem Erleben kannte.

Zwei Stunden verfolgten die Besucher das Leben unserer

* Vgl. S. 70

Familie unter den »Nürnberger Gesetzen«. In dem Maße, in dem Verordnung um Verordnung, Gesetz um Gesetz in unser Leben eindrang, in dem Maße, wie diese Gesetze eine unsichtbare Mauer um uns schufen, in dem Maße hat der Bühnenbildner das Unsichtbare sichtbar gemacht. Während unser Leben immer mehr eingeengt wurde, verengte sich sichtbar unser Lebensraum: Harald Ringlers Bühnenumrahmung, ein bewegliches Holzgerüst mit großen Fenstern, wurde mit jeder Szene etwas enger: vom großbürgerlichen Wohnraum bis hin zu den Quadern eines winzigen Raumes, eines »Käfigs« im Luftschutzkeller. Der »kleinen Inge« und mir schien es, als würde die Luft zum Atmen weniger, wir saßen bewegungslos nebeneinander, aber wir wagten nicht, uns anzusehen.
Auf der Bühne der *Vater*; Frank, sein Darsteller, war plötzlich wie *er*: sah mit dem großen, dunklen Hut aus wie *er*, sprach, als er zurückkam aus dem KZ nach der »Kristallnacht«, von dumpfem Husten unterbrochen, wie *er* damals; strahlte das kleine Glück aus, als *er*, heimlich und hastig, den Kinderwagen mit der kleinen Enkelin ein wenig hin und her fahren durfte; zeigte, wie *er* damals, das angstvolle Entsetzen, als er auf der Straße zufällig seiner »arischen« geschiedenen Frau begegnete und meinte, jemand könne diese Begegnung für absichtlich halten und bei der Gestapo anzeigen. Und Gisela, die die *Mutter* spielte, war wie *sie* – mit der ganzen mutigen Zuversicht, »irgendwie« zu schaffen, was doch nicht zu schaffen war ...

* * *

Es waren lange Minuten, in denen niemand wagte, Applaus zu spenden, so lange nicht, wie die Bühne dunkel blieb, nach den letzten Worten des Vaters, der den Deportationsbefehl in der Hand hielt ... Langsam kam das Licht; erst als die Neonröhren ihre ganze grelle Helligkeit verbreiteten, löste sich die

Spannung. Auf der Bühne verbeugte sich »meine Familie« stumm. Jutta Berendes holte mich. Vor Tränen und Scheinwerferlicht konnte ich keinen der Zuschauer erkennen, die hier zwei Stunden lang mit uns gelebt hatten.

* * *

Während wir bei Saft und Wein versuchten, die Spannung ein wenig abzubauen, kamen die Journalisten einer anderen Generation und sprachen mit uns. Gerd Böhmer hat dann im Hörfunk und auf dem Bildschirm die Geschichte des Buches, die Geschichte des Stückes angedeutet. Sparsame Beispiele wurden ausgestrahlt. Und die Gespräche mit uns.
Der 25jährige Student Andreas, der so meisterhaft den 15jährigen Wolfgang gespielt hatte, erzählte, daß er durch seine Familie manches über den Krieg gewußt hat, »aber nichts im Zusammenhang mit Juden. Insofern war es sehr schwierig, sich in einen Menschen hineinzuversetzen, der solche Verfolgungen erfahren mußte.« Christiane übrigens winkte ab; gern hätten die Medienvertreter mit ihr gesprochen. Sie schaffte das nicht; sie war wieder allzu sehr in unser Leben geraten.
»Die lange Probenarbeit«, bemerkte der Moderator, »hat bei den Schauspielern eine sehr persönliche Betroffenheit ausgelöst.« Und selbst für mich, die ich mit meinen Texten und Erinnerungen lebe, hat sich das Rad der Geschichte noch einmal auf fast unheimliche Weise zurückgedreht. Ich starrte auf das kleine Podium, das links von der Bühne, erhöht, das Zimmer im »Judenhaus« zeigte.
»Komm«, sagte Jutta und gab mir ein kleines Päckchen. Ich öffnete es. Auf einem silbernen Schildchen an einer Kette stand goldfarben das hebräische Wort für LEBEN.

* * *

Im Laufe der folgenden fünfzehn Tage – länger hatte die Bühne nicht zur Verfügung gestanden – kamen viele Schulklassen. Drei Gastspieleinladungen konnte die Gruppe noch annehmen; ein anstrengendes Unterfangen mit dem improvisierten Thespis-Karren. Ich hatte mich sehr gefreut, daß, nach einer meiner Lesungen, die Stadt Sinsheim die *Unsichtbaren Mauern* spielen ließ und auch das Trifels-Gymnasium Annweiler. Daß das Stück auch ans Freiburger Theater kam, auf die Bühne des »Podiums«, war für mich beglückend: Wenn schon in meiner Heimatstadt Hamburg das Projekt nicht hatte verwirklicht werden können, die Wahlheimat Freiburg hat sich große Mühe gegeben. Für die Jakobus-Gruppe war es die größte »Profi«-Bühne, auf der sie je ihre Kulissen hatte aufbauen können, und ihre professionellen Bühnenbildner-Kollegen haben sehr geholfen. Aber wir alle haben bei *dieser* Aufführung am meisten gezittert ...

* * *

Im November 1988 hatte das Pädagogische Zentrum des Landes Rheinland-Pfalz in Bad Kreuznach für mich eine Lesereise vorbereitet, die mich in mehrere Schulen jener Region führte: Es ging um das Gedenken an die »Reichskristallnacht« 1938. In diesen Tagen habe ich auch an der Staatlichen Realschule Pirmasens gelesen. Eines Tages im April 1989 bekam ich ihre Schülerzeitung »Labyrinth« geschickt. Darin haben die Schüler auf acht Seiten das Thema der »Reichskristallnacht« behandelt, auch von meinem Buch und mir erzählt. Auf einer Seite prangte die Zeichnung eines voll besetzten Busses, und ich las, daß Schülerinnen und Schüler nach Karlsruhe gefahren waren, eine weite Strecke:
»... In Karlsruhe angekommen, erwartete uns kein Broadway-Theater, sondern ›nur‹ ein umgebautes Fabrikgebäude.

Dies war zunächst enttäuschend, zumal wir uns besonders fein herausgeputzt hatten und uns in den feinsten Klamotten ein wenig fehl am Platz fühlten. Hinzu kam, daß auch die Sitzmöglichkeiten nicht sehr bequem waren, und dies spürte man nach zwei Stunden doch sehr deutlich.«
Zu meinem Trost schrieben die beiden Berichterstatterinnen der Klasse 9a, Anja und Steffi, daß sie sich bei »einem Getränk im ›C'est Bon‹« noch unterhalten und der »nachdenkliche Abend« damit »einen schönen Ausklang gefunden hatte«: »Alles in allem war die Theaterfahrt eine tolle Sache, wobei wir voll auf unsere Kosten kamen. Das Stück war beeindrukkend, und wir waren froh, . . . mit dabei zu sein. Gegen eine ähnliche Fahrt hätten wir nichts einzuwenden . . .«
Solche Stimmen von Jugendlichen zeigen den Zeitzeugen einmal mehr, wie wichtig ihr so erinnerungsschweres Engagement ist. Vielen Dank, liebe Busreisende aus Pirmasens . . .

* * *

Später erreichte mich auch eine besonders schöne Reaktion aus dem bereits erwähnten Trifels-Gymnasium in Anweiler. Die Direktorin schrieb: »Ihr Theaterabend hat übrigens bei uns Früchte gezeitigt. Angeregt hierdurch beschloß unsere Theatergruppe, auch so etwas zu versuchen. Sie nahm sich die Erinnerungen einer alten Dame – einst k. u. k. Monarchie, nunmehr in der Pfalz ansässig – vor . . . und hat eine sehr eindrucksvolle szenische Lesung veranstaltet.«
Dankbar habe ich auch einen Brief gelesen, der an den Regisseur Paulus Stein gerichtet war:
»Vielleicht kann gerade ich, der ich die antijüdische Verfolgung einschließlich Aufenthalt in Theresienstadt und Deportation nach dem Osten am eigenen Leib erlebt habe, Ihrer und Ihrer Gruppe Leistung ermessen, mit der es Ihnen allen gelun-

gen ist, die damalige Atmosphäre der Angst und des Schrekkens so wahrheitsgetreu einzufangen ...«

* * *

Gisela und Frank, die meine Eltern gespielt haben, haben sich für die Dramaturgin und mich etwas Besonderes ausgedacht. Sie haben uns die Bilder, die Worte, die Gedanken, die nach den Wochen der Aufführungen wieder versinken würden, lebendig erhalten: Jede von uns bekam ein Album. Meine *Unsichtbaren Mauern* bleiben in wunderschönen und bewegenden Fotos sichtbar. – Und was mich fast atemlos gemacht hat: Sie haben ein Foto gestellt, auf dem die beiden Darsteller von Hans T. und mir sich über den Kinderwagen unserer eben geborenen Tochter Barbara beugen – mit so glücklichen Gesichtern, wie wir sie damals vor Angst und Not ganz sicher nicht fertiggebracht haben. Gisela und Frank haben uns dieses Glück gewünscht ...

* * *

Eine weitere liebevolle Idee hatte Jutta. Sie schrieb im Sommer 1990 aus Israel: »An vielen Stellen wird aufgeforstet, so auch im Lavi-Wald, bei den Hörnern von Hittim, in Galiläa. Dort darf man Bäumchen pflanzen und sie jemandem widmen. Wir haben für Dich eine Zeder gepflanzt und auf Deinen Namen eintragen lassen.«

Es lag nahe, daß sie mich fragte: »Meinst du nicht, daß du mal zu deinem Bäumchen reist?«

Ich hatte eine Einladung erhalten, im August 1991 auf dem »Fifth Congress of the International Psychogeriatric Association (IPA)«, in Jerusalem zu lesen und zu berichten. Denn zu den Themen gehörten auch die »Folgen des Holocaust«, man interessierte sich für meinen Krankheitsverlauf und für die Gesundung durch das Schreiben.

In einem Anfall von Mut habe ich zugesagt. Und dann erfuhr ich, daß August der heißeste Monat ist. Hier bin ich schon bei 28 Grad nicht mehr zu gebrauchen. Aber eines Tages werde ich mein Bäumchen besuchen im »Land meiner Väter«. Dafür möchte ich die Angst vorm Fliegen überwinden …

»Das haben wir uns beim Pflanzen gewünscht«, sagte Jutta.

MIT DER VERGANGENHEIT LEBEN –

Begegnungen

Im Januar 1987 erhielt ich einen Anruf aus Darmstadt; es meldete sich die Redaktion von »Stars and Stripes«. Man wollte mich interviewen.
»›Stars and Stripes‹?« fragte ich.
»Die Zeitung der U.S. Army.«
Zur verabredeten Minute klingelte es, ich öffnete, vor mir stand ein sehr großer, dunkelhäutiger Herr. Wir tranken Tee und redeten. Mein Gast hatte das Tonbandgerät eingeschaltet. Manchmal kam ich aus dem Staunen kaum heraus: Der Journalist aus Boston war, was unsere Literatur anging, kundig wie ein Germanistikprofessor: Er kannte die Klassiker, die Romantiker, die Gegenwärtigen. Er wußte weit mehr über Literatur und Politik als ich.
»Solche Kenntnisse habe ich bei unseren Studenten schon oft vermißt«, sagte ich.
Ed lachte.
»Aber auch nicht jeder Neger in Boston kennt Goethe, Schilleer und Benn«, sagte er.
Im März erschien das Interview: »The price of survival in Hitlers Germany«. Ich las: »The price was that I was unable to leave the house for 33 years – agoraphobia.«

* * *

Agoraphobia. Platzangst.
Im Mai 1988 hatte die Redaktion der »Tele-Akademie« des Südwestfunks in Baden-Baden eine Lesung von mir ausgestrahlt, in deren Verlauf ich auch von der Krankheit und dem Gesundwerden erzählt hatte. Kurz darauf war ich einige Tage in Badenweiler. Am Frühstücksbüffet wurde ich auf diese Sendung hin angesprochen; und wieder trat einer »meiner« Zufälle ein: Herr W. E. aus Köln, der mir geschrieben hatte, war auch in diesem Refugium gelandet, hatte meinen Namen gehört und sagte: »Mein Brief muß gerade in Freiburg eintreffen.«
Es stellte sich heraus, daß er ebenfalls seit Jahren an einer Angstneurose litt und von mir hören wollte, welche Ärzte, welche Kliniken mich gesund gemacht hätten. Daß sich unsere Situationen nicht vergleichen ließen, verstand er sehr bald. Und daß ich mich, ohne es zu ahnen, allein durch mein Buch »freigeschrieben« hatte, konnte ihm auch nicht weiterhelfen. Ich habe aus der mich anrührenden Begegnung mitgenommen, daß unsere Vorgeschichten nichts miteinander gemein hatten. Aber die Symptome waren dennoch austauschbar: Jedes Detail seiner Angstzustände hatte ich ganz genauso erlebt . . .

* * *

Und noch einmal eine Begegnung via Fernsehschirm, diesmal mit einem Schicksalsgenossen. Unsere Mütter sind miteinander in Meiningen in die Schule gegangen, haben beide einen jüdischen Mann geheiratet, doch sein Vater war getauft. Die Familie ist ausgewandert und hat uns bald nach dem Krieg besucht. Nach dem Tod seiner Eltern ist die Verbindung abgerissen, bis ich ihn 1988 im »Presseclub« der ARD wiedersah. Er und seine Frau Lore kamen zu mir, und ich erfuhr von einem sehr anderen, sehr schönen Lebensweg; er kann sich in einem großen Rahmen um Versöhnung, Frieden und Hilfe bemühen: Am 14. November 1990 habe ich ihn wieder auf dem Bildschirm gesehen, im Gedenkgottesdienst von Coventry vor »seiner« Kathedrale: Domkapitular Paul Oestreicher.

Die Kinder der Täter und Opfer

Eines Tages wurde ich von einer Gruppe jüngerer Psychoanalytiker und Therapeuten eingeladen. Man bat mich, auch von der Krankheit zu sprechen, vor allem auch über die Zeit des Gesundwerdens.

Dabei lernte ich Dr. Peter Riedesser kennen. Er arbeitete an der Universitäts-Kinderklinik in Freiburg, und er hatte die qualvolle Aufgabe zu erfüllen, an Obergutachten mitzuwirken, die in Verfahren von im Ausland lebenden Antragstellern der zweiten Generation nach dem Holocaust angefordert wurden. Er hat mir einen seiner Beiträge überlassen, in dem er über »Erfahrungen und Gefühle als deutscher Wiedergutmachungs-Gutachter« berichtet. Es ging um Fälle, mit denen man sich schon über fünfzehn Jahre lang beschäftigte, und er hatte die von deutschen Ärzten im Ausland erstellten Gutachten zu beurteilen. Er beschreibt, wie elend, verängstigt und gespannt die angereisten Kranken ihm, dem fremden jungen deutschen Arzt gegenübersaßen, »der in den nächsten 2–3 Tagen detailliert nach jetzigen psychischen und psychosomatischen Störungen und alten Traumata fragen würde«. Und er sagt in einer Fachzeitschrift:

»Für den Gutachter wiederum bedeutet das vielstündige Gespräch eine erschütternde, schmerzhafte Begegnung mit der Vergangenheit der eigenen Eltern, der Geschichte des eigenen Volkes, über die er angesichts des häufigen Schweigens der älteren Generation oft keine authentischen, in persönlichem Erleben und Erleiden wurzelnde Information hat. Die Gegenübertragung des Gutachters aus der zweiten Generation schwankt so zwischen ohnmächtiger Wut und Beschämung, Wiedergutmachungswünschen und Rettungsfantasien angesichts so geballter Grausamkeit und Tragik, Beschwichtigungstendenzen, unbeholfener Freundlichkeit und, ganz tief und stark verdrängt, auch merkwürdigem Ärger darüber, daß sich so viele Menschen einfach umbringen ließen, ohne sich solidarisch zu wehren ...«

Ohne sich solidarisch zu wehren ...

»Ach, Peter«, sagte ich, »hast du dir da ein Schlachtenbild vorgestellt? *Eine* Szene mit der vergleichsweise kleinen Schar brutaler, stiefel- und fäustebewehrter Uniformierter und ihnen gegenüber sechs solidarisierte Millionen?«

»Natürlich nicht«, sagte Peter. »Da waren dann Bilder, die absolut nicht stimmten ... Auch wir haben Schwierigkeiten mit unserer Vorstellungskraft.«

* * *

Diese Begegnung und diese Berichte über »Wiedergutmachungsverfahren« haben mich an die eigenen Erlebnisse mit den Behörden erinnert, Erlebnisse, die ich am liebsten vergessen möchte. Hatte man mir doch während meines Verfahrens einmal gesagt: »*Sie* waren ja gar nicht in einem Lager.« Damals habe ich etwas hilflos zurückgefragt: »Nehmen Sie mir das übel?« Ich wußte selbst, wie dankbar ich dafür zu sein hatte – allerdings nicht dem Befrager.

* * *

So waren mir die unsäglichen Schwierigkeiten der zweiten und dritten Generation durch diese Arbeitsgruppe von Therapeuten sehr bewußt geworden. Es war mir darum wichtig, zwei Publikationen aus dem Jahr 1987 einander gegenüberzustellen: Helen Epsteins Gespräche mit Söhnen und Töchtern von Überlebenden und Peter Sichrovskys Gespräche mit Kindern aus Nazifamilien.* Sichrovsky hat seinen Protokollen ein Wort von Ingeborg Bachmann vorangestellt: »Die Wahrheit ist dem Menschen zumutbar.«

Was nicht sehr bekannt war, was ich aber aus diesen und vergleichbaren Dokumentationen nun erfuhr: Auch viele Kinder der Täter sind krank. Für diese zweite und dritte Generation mußten neue Begriffe und eine neue Form der psychotherapeutischen Behandlung entwickelt werden, in Amerika, Israel und der Bundesrepublik.

»Vergangenheitsbewältigung« – Erinnern, Vergessen, Versöhnen?

Ich wurde von einem kleinen Kreis der Evangelischen Erwachsenenbildung in Freiburg eingeladen. Thema des Abends: »Mit der Vergangenheit leben«.

Wir saßen um einen großen runden Tisch. Es waren wenige junge Leute gekommen, aber mehrere in meinem Alter. Neben mir saß ein Student, daneben eine junge Frau. Der Diplompädagoge Clemens Rietmann leitete das Gespräch. An einer Stelle fiel wieder das Wort vom *Schlußstrich*. Da war zum Beispiel ein Teilnehmer aus dem Elsaß, der nicht verstand, daß

* Helen Epstein: Die Kinder des Holocaust. Gespräche mit Söhnen und Töchtern von Überlebenden. C. H. Beck, München 1987
Peter Sichrovsky: Schuldig geboren. Kinder aus Nazifamilien. Kiepenheuer und Witsch, Köln 1987

man Schwierigkeiten haben müsse mit der Bewältigung. Und noch einmal fiel das Wort von einer nichtjüdischen Juristin, die im KZ Ravensbrück gewesen war aus einem Grund, an den ich mich nicht erinnere. »Warum wird ständig in unseren Wunden gewühlt?« fragte sie. Und ich fragte: Warum ist sie gekommen an diesem Abend, wenn sie sich von Gesprächen so gequält fühlt? Das Thema war doch vorgegeben, sie hätte sich ihm doch nicht auszusetzen brauchen?

Leben wir hier in einem Land, in dem irgend jemand gezwungen wird, sich mit der »Vergangenheitsbewältigung« auseinanderzusetzen? Wird jemand gezwungen, in ein Theaterstück zu gehen, etwa über Anne Frank? Muß jemand ins Kino gehen, wenn Filme zu diesem Thema laufen? Muß jemand den Fernsehapparat anstellen, wenn es um das Elend des Krieges, der Verfolgung, des Rassenwahns geht? Hetzt man Menschen in Vorträge über die Vergangenheit? Spricht man dauernd von den 55 Millionen Opfern?

»Ich habe ein kleines Kind«, sagte mein junger Nachbar, »ich will, daß es in einer Welt aufwächst ohne solche schrecklichen Erfahrungen. Ich will mich um das Thema kümmern.«

Die junge Frau neben ihm weinte. Immer wieder hörte man ihr leises Schluchzen. Und als das Wort vom *Schlußstrich* fiel, rief sie in die Runde:

»Wie soll ich mit einem Vater leben, der in einem Lager war, als SS-Aufseher ... Ich habe die Geschichte des Lagers nachgelesen ... Wie soll ich mit einem solchen ›Andenken‹ leben???«

Irgend jemand sagte, man müsse doch endlich verzeihen können. Auf solche Worte mag ich schon lange nicht mehr antworten. *Was* durften wir Überlebenden denn verzeihen? Es läuft doch niemand von uns als Racheengel herum ...

An diesem Abend ist mir das Wort von Margarete Mitscherlich eingefallen: *Die Unfähigkeit zu trauern.**

* * *

Kurz nach dieser Erfahrung habe ich in einem Gesprächskreis, »Kultur am Vormittag«, den Direktor der Gewerblichen Schulen Emmendingen kennengelernt, Herrn Reibold. Er hat mir eine Dokumentation überlassen: »Der Bund zwischen den gewerblichen Schulen in Emmendingen (BRD) und Petah Tikva (Israel) vom Juni 1988«. Die Urkunde beginnt:
»Wir können die dunklen Abgründe der Vergangenheit nicht zuschütten, aber wir wollen für die kommende Generation durch die Pflege menschlicher Beziehungen von Schule zu Schule, von Land zu Land Brücken bauen und neue Wege zueinander öffnen . . .«
In der Dokumentation wird die Vorgeschichte dieser Partnerschaft geschildert: Es trafen sich in beiden Ländern Schüler und Pädagogen, auch aus dem Elsaß übrigens, und es werden seither unter vielem anderen Erkenntnisse ausgetauscht, man besuchte gegenseitig die Lehrwerkstätten.
Abgedruckt ist auch die Rede eines ehemaligen Schülers, Michael. Er berichtet von seiner ersten Reise nach Israel, seiner Freundschaft mit den Gasteltern, mit dem Schüler Nadaf, der dann später auch zu ihm nach Emmendingen kam. Ich möchte einen Ausschnitt zitieren:
». . . Ein Museum . . . ist für uns normalerweise nichts Besonderes. Anders war das für uns beim Besuch von Yad Vashem. Yad Vashem ist kein Museum, sondern eine Gedenkstätte, die uns tief in die Geschichte des eigenen Volkes zurückführt . . .

* Margarete Mitscherlich: Erinnerungsarbeit. Zur Psychoanalyse der Unfähigkeit zu trauern. S. Fischer, Frankfurt am Main, 1987

Auch unseren jüdischen Freunden ist diese dunkle gemeinsame Geschichte bekannt. Für *sie* war es nicht der erste Besuch. Und trotzdem ging dieser gemeinsame Besuch uns sehr nahe. (Wenn ein Deutscher und ein Jude zusammen ein Bild betrachten, auf dem ein Jude von einem Nazi getötet wird) ... Für einen Außenstehenden ist es wohl schwer, diese Gefühle zu begreifen. Ja, unseren Freunden war es schon fast peinlich, uns diese Bilder zu zeigen. Wir dagegen kamen sichtlich in Verlegenheit und hüteten uns davor, auch nur ein Wort Deutsch zu sprechen. Plötzlich waren wir uns sehr nahe, und doch fiel es uns schwer, uns gegenseitig in die Augen zu sehen ... Geschichte anders als im Unterricht, der nach 90 Minuten endet ... Wir tragen die Verantwortung für eine vergangene Generation. Viele werden sagen, das stimme nicht. Dann gehen Sie einmal gemeinsam mit einer Schülergruppe aus Israel und Deutschland in ein Konzentrationslager. Wie wir es getan haben. Glauben Sie mir, danach werden Sie mich verstehen ...«

Und dann sagte dieser Schüler, der zwei Generationen nach der Täter-Generation geboren wurde:

»Es war ein Privileg für mich, Schüler einer Schule gewesen zu sein, deren Verantwortliche schon während unserer Schulzeit die Türen zur Welt hin geöffnet haben, uns die Horizonte gezeigt haben, in denen Verantwortung auf uns zukommt, die weit über das bloße Geldverdienen hinausgehen ...«

Hier bin ich dem Gegensatz begegnet: *Der Fähigkeit zu trauern.*

* * *

Der Direktor der Gewerbeschule lud mich ein, vor einer Klasse von Auszubildenden zu lesen, vor Metallern. Der Geschichtslehrer hatte mich morgens in Freiburg abgeholt und erzählt, daß er die Klasse noch nicht sehr gut kenne;

Blockunterricht und praktische Lehre erfolgte im Wechsel, man könne also kaum beurteilen, wieweit diese Schüler bereit seien, sich dem Thema zuzuwenden. Ich war entsprechend besorgt.
In einer der vorderen Reihen hatte ein junger Mann seinen Kopf auf die verschränkten Arme gelegt. Hilfe ... dachte ich ... und begann.
Ungestört konnte ich lesen. Die Schüler haben mir zugehört. Und ihre Fragen waren so interessant, daß ich nachher sagte: »Sie waren super. So gut waren lange nicht alle Gymnasiasten, die regelmäßig in diesen Fächern unterrichtet werden.«
Weil diese Lesung auch eine Art Experiment bedeutete, nahm der am Thema sehr interessierte Journalist Gerhard Behnke vom »Rebland-Kurier« daran teil. Später schrieb er unter dem Titel *»Was soll ich vergessen? Wer vergißt, ist unfähig zu trauern«* über diesen Morgen, und er begann seinen Artikel gleich mit einer seltsamen Frage, die gestellt worden war:

»›Haben Sie eigentlich Ihren Vater nie dafür gehaßt, daß er Jude war und Sie dadurch selbst soviel zu erleiden hatten?‹ fragt ein Schüler unvermittelt die Autorin. Sie zögert nur kurz, hebt sanft ihre Hand und antwortet völlig überraschend: ›Das ist aber eine tolle Frage. Ich hätte nie geglaubt, daß diese Frage überhaupt jemals gestellt wird.‹ Nein, keine Sekunde habe sie daran gedacht. Betroffenheit und menschliches Leid ließen solche Gedanken nicht zu, versichert sie. Eine Theaterverlegerin, so berichtet sie weiter, habe bei der Inszenierung des Themas die gleiche Frage gestellt ... Damals sei es ihre Überzeugung gewesen, daß dieser Gedanke nur der dramaturgischen Phantasie zuzuschreiben ist, ›weil das Buch zu sanft war‹.«
Da war nun diese Frage, die meine Bühnenverlegerin um der

notwendigen Dramatik willen angeschnitten hatte, einem Schüler ebenfalls in den Sinn gekommen ...
Anläßlich einer anderen Lesung traf ich eine jugoslawische Schülerin, die in unserem Gespräch den Tränen nahe war.
»Als ich hierherkam und merkte, daß ich anders bin, da habe ich *mich* gehaßt – nicht die andern. Ich wollte sein, wie sie. Sprechen wie sie.«
Ich war froh, zu hören, daß diese Gefühle lange überwunden sind. Aber ich habe eine neue Variante von Reaktionen auf das Ausgegrenztsein kennengelernt.

* * *

Nach dem Erscheinen von Peter Sichrovskys Buch* wurde im »Spiegel« der Bericht von Stefani, einer Neunzehnjährigen, abgedruckt. Sie war Enkelin eines Täters, und sie kam mit dem, was ihr ständig an Erinnerungen auch innerhalb der Familie ins Bewußtsein gerufen wurde, nicht zurecht.
»Buße? Sühne? Lächerlich. Wofür?«
Sie mochte nichts mehr hören. Ihre flapsige Art, sich auszudrücken, zeigt, wie elend sich diese Nachgeborene fühlen mußte. Sie war zudem deutlich außerstande, eine solidarische oder symbolische Verantwortung zu übernehmen. Wie so viele aus der großelterlichen Generation sagte auch sie:
»Wer weiß, ob das alles so schlimm war.«
Ich hatte das Gefühl, daß sie mehr als hilflos war. Daß ihr jemand antworten müßte, der sie versteht und der Vergleichbares erlebt hat, ohne die Tatsachen zu ignorieren.
In der nächsten »Spiegel«-Nummer erschien eine solche Antwort. Sie kam von einem Lehrer aus Remscheid, Dirk Kuhl. Sein Vater, ein SS-Mann, war hingerichtet worden: Es war die

* Vgl. S. 172

Antwort eines Sohnes, der trotz aller Verzweiflung nicht in Haßtiraden ausgebrochen ist gegen den Vater. Er hatte Verständnis für Stefanis Seelenlage, aber er schrieb ihr, daß alles noch viel schlimmer gewesen sei, als es sich darstellen, erklären, erzählen, zeigen ließe. Ihm konnte sie glauben. Er hatte ihr versichern können, daß er die Dokumente, die um die Taten seines Vaters existierten, eingesehen habe ...

Seine Art, einer Schicksalsgenossin zu antworten, verdient größten Respekt. – Ich konnte mit ihm Verbindung aufnehmen, und sehr bald kam er nach Freiburg, mit seiner Frau Lena. Lena war Israelin.

»Meine Mutter in Israel durfte das lange nicht wissen«, sagte sie, »sie liebt Dirk. Und als sie es dann doch erfuhr, sagte sie: ›Mit mehr, als der Mann gezahlt hat, kann man nicht zahlen.‹«

Dirk leidet unter schwerem Asthma.

»Die Atemnot kommt immer mit der Erinnerung«, sagte er, »und wann ist man je vor Erinnerungen sicher?«

Und weil niemand von uns je *sicher* ist vor Erinnerungen, gilt es, zu lernen, sie zu ertragen.

»Wir haben«, schrieb er, »eine Selbsthilfegruppe gegründet, zu der manchmal eine Therapeutin kommt. Und wir arbeiten sporadisch mit der ›Bergischen Universität‹ in Wuppertal zusammen, deren Verdienst, sich diesem Themenkreis gewidmet zu haben, statt zu kneifen, durchaus benannt werden darf.«

Also auch die Kinder der Täter bedürfen der Hilfe. Denn ihre Fähigkeit zu trauern – von zwei Seiten her zu trauern –, macht sie krank.

In seinen 65. Geburtstag hat Ralph Giordano in einem Freiburger Freundeskreis hineingefeiert; gegen Mitternacht spielte der Mann meiner Freundin Isa das Nocturne Nr. 1 von Chopin, das der Gefeierte besonders liebt. Isa ist die Nichte

eines furchtbaren Repräsentanten des Dritten Reiches, und sie besaß die Fähigkeit zu trauern ... Um zwölf Uhr gab sie Ralph eine Rose. Und der leidgeprüfte »Roman Bertini«* umarmte Isa und sagte: »Diese Rose bewahre ich auf.«
Verdammt noch mal, wir weinten.
Isa kommt oft mit zu meinen Unternehmungen. Sie ist bei Lesungen dabeigewesen und hat zweimal das Theaterstück gesehen.
Immer wieder begegnen uns, die wir überlebt haben, *Bilder* von damals, unversehens und unvermeidlich. In Büchern, in Filmen, in Zeitungsberichten. Die Bilder kommen auch, wenn eigentlich von ganz anderen Dingen die Rede ist. Was ist denn für »normale« Menschen schon dabei, wenn sie einen hohen Schornstein rauchen, wenn sie einen geschlossenen Waggon auf Schienen fortrollen sehen? Ich nenne das »die ganz alltäglichen Assoziationen« und kann ihnen nicht entgehen. Für Isa ist so etwas vielleicht noch schlimmer als für mich. Als es uns bei irgendeiner Gelegenheit mal wieder die Sprache verschlug und wir schlucken mußten, sagte ich:
»Ich muß mit der Vergangenheit leben – und du auch.«
»Ach, Ingeborg ...!«
Schlußstrich?

Die Schuldgefühle der Irene L.

Im August 1990 erreichte mich der Brief einer Hamburgerin, die heute in Süddeutschland lebt und die bisher vergebens von ihren Kindern gedrängt worden ist, ihre Erlebnisse aufzuschreiben:
»Vielleicht sind wir uns früher einmal begegnet ... Meine

* In seiner Familiensaga *Die Bertinis* trägt er den Namen Roman.

Mutter war Jüdin: Mein Vater arisch. Heiraten durften sie nicht ... 1935 wurde meine Schwester geboren, 1937 ich. Als ich noch nicht ganz zwei Jahre alt war, kam die Mutter nach Ravensbrück. Mein Vater wurde wegen Rassenschande zu Zuchthaus verurteilt, viele Jahre Moorlager Lingen, dann Bewährungsbataillon an der Front. Vermißt. Ich hatte immer Schuldgefühle, ich sei schuld am Tod des Vaters, weil es mit meiner Geburt zusammenhängt.
Meine Schwester wuchs bei der Großmutter auf. Ich kam ins jüdische Waisenhaus und wurde, weil die Deportation aller Kinder drohte, über die Jüdische Gemeinde an eine Pflegestelle vermittelt, Pflegevater Jude, Pflegemutter arisch. Damals war ich vier Jahre alt. Wir wohnten in der Rappstraße 3, Nähe Grindel und Schlump. Mein neuer Vater war Musiker, Kapellmeister, hatte früher Violine unterrichtet und fuhr zur See.«
Leider müssen in dieser Ehe Dinge geschehen sein, die das Jugendamt veranlaßt hat, die kleine Irene dort fortzuholen, ein Trauma für sie, denn sie mochte den Pflegevater – im Gegensatz zu ihrem neuen Vormund.
»Ich besuchte die Mittelschule am Mittelweg. Hannelore Hoger, die in dem Film *Die Bertinis* die Hauptrolle spielte, war meine Schulkameradin. Schulfreundinnen hatte ich nie.
Da ich nur unter Erwachsenen groß geworden bin, habe ich heute noch Schwierigkeiten, Freundschaften einzugehen. *Die Bertinis* habe ich mir nicht angesehen. Es macht mir noch heute Mühe, über die Zeit damals zu sprechen, und nur langsam gewöhne ich mich daran, auch Filme über das Thema anzusehen. Wenn ich mit jemandem über die Zeit damals spreche, passiert es mir, daß ich unwillkürlich anfange zu zittern. Ich habe die ganze Sache verdrängt. Auch habe ich heute noch Angst, daß es wieder beginnen wird, die Verfolgung ...«

Frau L. wurde Verlagsbuchhändlerin und hat noch 1971 über den zweiten Bildungsweg studieren können, um Lehrerin zu werden.
»Mein erster Mann, den ich mit 24 fast mittellos geheiratet habe, war damals 54 und Nazi. Die Heirat muß für ihn so etwas wie eine Wiedergutmachung gewesen sein. Er war SS-Mann, Kriegsfreiwilliger, Polen, Griechenland, bei Rommel, Kriegsgefangenschaft, sehr späte Heimkehr ...
Ich arbeitete im Büro einer Evangelischen Kirchengemeinde. Wir wollten Kinder, aber dann hat er doch lieber davon abgesehen. Er fürchtete, daß sie einen jüdischen Einschlag bekommen würden (meine Mutter war ziemlich dunkel). Er starb 1972. 1977 heiratete ich wieder ... 1979 bekam ich eine Tochter, sie ist blond wie mein leiblicher Vater.«
Diese Erinnerungen machten mich fast atemlos. Und dennoch meine ich, daß sie mit allen Deformationen zu dem unsäglichen Mosaik gehören. Ich bin Frau L. dankbar für ihr Vertrauen und für ihre Erlaubnis, auch diese Variante eines »Mischlings«-Schicksals weitergeben zu dürfen.

Der Mut der Martha Langer

Zu den erfreulichsten Begegnungen gehört auch die mit Ingeborg Langer: sie schloß einen Kreis zur Vergangenheit.
In meinem Buch habe ich beschrieben, daß die Hamburger Emigranten, die als Juden ab 18 bzw. 20 Uhr nicht mehr auf deutschen Straßen sein durften, vor ihrer Ausreise meist im »Hotel Reichshof« die Abfahrt der Züge vom gegenüberliegenden Hauptbahnhof abwarten mußten – immer in der zerstörenden Angst, der Gestapo würde noch etwas einfallen, was die Reisen in die Freiheit vereiteln könnte. Die »kleine Inge« und ich hatten 1940 die Hechts – Vaters Bruder Edgar,

seine Frau und den achtjährigen Sohn Hänschen – vor ihrer Ausreise nach Shanghai ins Hotel begleitet und die letzten Stunden des Abschieds mit ihnen verbracht. Damals haben wir nicht geahnt, daß hier im geheimen Gutes und Mutiges geschah: Frau Martha Langer war, um als »zuverlässig« zu gelten, in die Partei eingetreten. Sie hatte mittels einer Mauer einen Hoteltrakt abgetrennt und damit unzugängliche Räume geschaffen, in denen sie Gefährdete und Verfolgte versteckte, ernährte, ihnen Papiere und Geld beschaffte für die Auswanderung. Für sie steht ein Baum in der »Allee der Gerechten« in Yad Vashem.

In meinem Buch habe ich davon berichtet, und so hat es sich ergeben, daß die Schwiegertochter Ingeborg und ich uns begegnet sind. Sie nimmt weiterhin Anteil am Schicksal Überlebender, hat mich auch an Schulen zum Lesen vermittelt, und sie hat sich – vergeblich – darum bemüht, das Stück *Als unsichtbare Mauern wuchsen* auf eine Hamburger Bühne zu bekommen. Als mein Bruder Wolfgang in Hamburg war, hat sie uns und Ralph Giordano zu sich nach Othmarschen eingeladen. Ich wußte aus Erich Lüths Geschichte dieser Familie von dem herrlichen Besitz. Jetzt gingen wir hier spazieren, »in dem parkartigen Garten, einem reizvollen Wäldchen mit einigen exotischen Bäumen, Wiesen, auf denen der Chronist vor kurzem neben Kühen ein Pony grasen und springen sah«*. Die Kuh, diese, um mit Lüth zu reden, Langersche Rasenmäherin, hatte eben gekalbt, zum Pony hatte sich ein Pferd gesellt. Hier, wo noch Spuren von Bombentrichtern die alten Erinnerungen heraufbeschworen, zeigte Ralph hinunter zum Ufer und erzählte noch einmal die Geschichte, die uns

* Erich Lüth: »Das Hotel Reichshof«. Eine Hamburger Familiengeschichte 1910–1985. Ernst Kabel Verlag, Hamburg 1985

schon in den *Bertinis* den Atem hatte stocken lassen: als ein deutscher machtbesessener Herr mit Hund die verängstigte jüdische Familie vom Elbestrand verjagte. Wolfgangs und meine Erinnerungen waren schöner: An dieser Elbchaussee sind wir damals glücklich vorbeigesegelt; »arische« Freunde haben uns mit auf ihre Boote genommen. Stunden ohne Angst.

Jetzt war hier alles so friedlich. Ingeborg Langer hatte mir einige Wochen vor unserer Begegnung aus Israel geschrieben: »Ihr Buch erzählt auch, ohne es auszusprechen, nicht nur von der Bosheit, sondern der Gefährlichkeit, der Stumpfheit eines Volkes. Das, meine ich, ist das wesentlichste: die Kinder zur Wachsamkeit zu erziehen, dazu, nicht stumm zu bleiben, wenn Unrecht geschieht.«

BILDER EINER AUSSTELLUNG –

Justiz und Nationalsozialismus

Eines Tages erhielt ich einen Brief vom Bundesjustizministerium in Bonn. Man beabsichtigte eine Ausstellung über die Justiz im Dritten Reich und habe meinem Buch entnommen, daß ich noch originale Dokumente besitze. Ob ich bereit sei, im Spiegel dieser Dokumente den »Fall« eines jüdischen Rechtsanwaltes, zudem noch verheiratet mit einer »Arierin«, darstellen zu lassen. Die junge Referentin, Gertrud S., kam nach Freiburg – und in einer Aktenmappe trug sie die Dokumentation unseres Lebens mit sich fort.

Am 15. Juni 1989 ging ich mit meinem Enkel Florian in die Staatsbibliothek Preußischer Kulturbesitz in der Potsdamer Straße 33 in Berlin. Sehr viele Menschen waren zur Eröffnung der Wanderausstellung gekommen und stellten sich dieser furchtbaren Dokumentation. Auf Veranlassung des Justizministers war diese Arbeit entstanden, als erster »justizeigener Beitrag zur Auseinandersetzung mit der NS-Justiz und ihren Folgen«. Ich glaube, es ist der erste Berufsstand, der sich dieser Konfrontation mit seiner Vergangenheit stellte. Der Bundesjustizminister wies in seiner Begrüßungsrede darauf hin, daß die Justiz in den fünfziger und sechziger Jahren nicht bereit war, sich mit ihrem Verhalten im »Dritten Reich« auseinanderzusetzen, »in einer offenen Diskussion Ursachen und Hintergründe ihres geradezu geräuschlosen Abgleitens in das NS-Unrechtssystem zu erörtern ...« Dieses geräuschlose

Abgleiten hatte die Nürnberger Gesetze ermöglicht; diese Ausstellung ging mich und mein Leben mehr an als manches andere.
Da stand ich nun vor den Stellwänden, an denen auf insgesamt 124 Tafeln etwa 2000 Dokumente zu sehen waren.
Ich las: »Eherecht. Ein neuer Anfechtungsgrund: Das ›Judesein‹ des Ehepartners und seine Bedeutung im ›völkischen Staat‹«. Daneben meine Eltern als Brautpaar, die Mutter mit Kranz und Schleier. Auf einer anderen Tafel das Foto des Vaters. Einen Ausweis von ihm vom »Heimschutz Hamburg«, aus dem man ihn 1934 »entfernt« hatte. Ein Foto mit seiner Enkelin Barbara auf dem Schoß, der er am Tag seiner Deportation eine Karte geschrieben hatte: »... der Opi geht jetzt auf eine lange Reise ...« Texte von Postkarten aus Theresienstadt. Ein Foto der Mutter mit Barbara, am Rebberg in Staufen. Darunter: »Dieses Foto erhält Felix Hecht auf seine Bitten in Theresienstadt.« Dann die Zeittafel seiner Lebensdaten vom 24. September 1883 bis zum 17. Februar 1950 – an diesem Tag hatte das Amtsgericht die Todeserklärung geschickt und das angenommene Todesdatum festgelegt: Mai 1945.

* * *

Zu dieser außerordentlichen Ausstellung ist ein Katalog erschienen, der in seinem Umfang und der Aussagekraft seiner Informationen überaus beeindruckend ist.* Es sei der Tochter eines ermordeten Juristen gestattet, aus dem Vorwort des Justizministers die Schlußsätze zu zitieren:
»Des weiteren erhoffe ich mir, daß der Katalog Eingang in die schulische, außerschulische und universitäre Bildung finden

* Im Namen des Deutschen Volkes. Justiz und Nationalsozialismus. Verlag Wissenschaft und Politik, Berend von Nottbeck, Köln 1989

wird. Er bietet Material, das im Unterricht und in Veranstaltungen der Erwachsenenbildung dem juristischen Laien einen schwierigen Stoff veranschaulichen kann. Vor allem aber gehört er nach meiner Überzeugung in die Hände jedes angehenden Juristen, da – wie es in der Ausstellung heißt – die Erinnerung an die Justizverbrechen im nationalsozialistischen Deutschland und die Menschen, die ihnen zum Opfer fielen, einen festen Stellenwert in unserem Justizverständnis finden muß, als Mahnung und Warnung zugleich.«

* * *

Im Oktober 1988 erreichte mich ein Brief, der zu diesem Thema gehört:

»... Ihre Lesung heute abend hat mich so tief bewegt ... bei aller unendlichen Verschiedenheit unseres Erlebens dieser schlimmen zwölf Jahre haben wir einiges gemeinsam – und gerade diese Äußerlichkeiten geben den Anlaß, daß ich Ihnen jetzt ... schreibe ... Wir waren beide zwölf Jahre alt, als das ›Dritte Reich‹ begann, beide lebten wir in Hamburg, und unsere Väter waren beide Juristen. Mein Vater wurde als Generalstaatsanwalt bereits im März 1933 aus politischen Gründen aus dem Amt gewiesen, später allerdings wieder als Richter eingestellt. Ich wuchs also in einem Elternhaus auf, das keineswegs nationalsozialistisch war. Aber wie total anders verlief meine Jugend! Unbeschwert, behütet, unwissend – oder nichts wissen wollend – gegenüber dem entsetzlichen Unrecht ... Als ich 1939 Abitur machte, meinten wir, nun steht uns die Welt offen ... Ich bekenne es ganz offen, ... daß wir damals mit unseren kriegsbedingten Problemen so in Anspruch genommen waren, daß wir überhaupt nicht an die Menschen dachten, die durch uns Deutsche so namenlos gelitten haben ...«

In diesem hier nur auszugsweise zitierten Brief von der in Freiburg lebenden Waltraud J. stand ein Satz, der mich aufhorchen ließ: Ein Generalstaatsanwalt wird entlassen und später als Richter, also heruntergestuft, wieder eingestellt. Das Schicksal, das dahinterstand, hat mir Frau J. geschildert. Ihr Vater, Dr. L., war bei den Nazis in Ungnade gefallen, wurde aber seiner Spezialkenntnisse wegen später gebraucht. Man forderte ihn auf, sich mit der veränderten Situation einverstanden zu erklären; er hatte Familie, also wurde er, auch unter diesen demütigenden Verhältnissen, Richter. Aber für einige der von der Nazi-Justiz Verfolgten war das ein großes Glück. Denn Dr. L. hatte sehr schnell begriffen, *daß* er helfen konnte und *wie* er helfen konnte: Die Nationalsozialisten haben ihre aus rassischen oder politischen Gründen verurteilten Häftlinge, wenn sie die Gefängnis- oder Zuchthausmauern nach offiziell verbüßter Strafe verlassen wollten, ohne alle Umstände abgefangen und in ein Konzentrationslager verschleppt – was meistens ein Todesurteil bedeutete. Die Richter wußten davon. Der Vater von Frau J. zog daraufhin Konsequenzen: Auch ihm war klar, daß die Zeit der Nazis eines Tages vorüber sein würde. Also verhängte er besonders lange Haftstrafen und hat damit der Gestapo nachweislich manches Opfer entziehen können.

Seine Tochter hat mir den Dankesbrief eines auf diese Weise Geretteten gezeigt, einen Brief, der nicht etwa angefordert, sondern freiwillig geschrieben worden war von einem, der den richterlichen Einfluß richtig erkannt hatte.

DIE REISE NACH THERESIENSTADT

Für die Reihe *Schicksale der anderen* hat mir Pfarrer Helmut Schwarz auch seines geschildert; es gehört zu der Vorgeschichte unserer gemeinsamen Fahrt nach Theresienstadt.
Er war der Sohn eines jüdischen, aber getauften Vaters und einer »arischen« Mutter. Es war eine christliche Familie, sie lebte in Freiburg.
Vom 2. Juli 1942 an galt das Gesetz: *»Mischlinge ersten Grades sind nicht mehr in Hauptschulen, Mittelschulen und höheren Schulen aufzunehmen.«* Die Schulpflicht galt bis zum vierzehnten Lebensjahr, das Helmut in diesem Jahr erreicht hatte. Seine Schwester Margrit wurde erst ein Jahr später aus ihrer Schule gewiesen, wurde aber von der katholischen Haushaltungsschule St. Ursula aufgenommen. Zwar führte man sie nicht offiziell in den Schülerinnenlisten, aber man hat sich nicht gefürchtet, sie auszubilden.
Helmut hat geschildert, was sich »an einem sonnigen Oktobermorgen 1942« im Bertholdgymnasium Freiburg abgespielt hat: »Gerade hatte ich meine ersten Konfirmandenstunden und ging erst wenige Wochen in die Obertertia. Da stand am Ende der großen Pause der Pedell im Klassenzimmer: ›Schwarz, zum ›Rex‹!‹ – ›Was hast du angestellt?‹, fragten die Klassenkameraden. ›Nichts; aber ich kann mir denken, warum.‹ In unseren ›Kreisen‹ erfuhr man manches durch vertraute Menschen, wie z.B. Gertrud Luckner.*

* Dr. Gertrud Luckner, heute Ehrenbürgerin von Freiburg, hat vielen Juden geholfen und kam deshalb ins KZ Ravensbrück.

Der Pedell öffnete die Tür zum Rektorat und entschwand. Der ›Rex‹ thronte hinterm Schreibtisch auf seinem Sessel mit hoher Lehne. Schaute auf, als ich reinschlappte. ›Geh noch mal raus und komm anständig rein, wie sich's für einen deutschen Jungen gehört!‹ Ich tat's und blieb vor dem Schreibtisch stehen. ›Willst du wohl strammstehen!‹ Ich schlug die Hacken zusammen – mir ungewohnt – und nahm die Hände an die Hosennaht.

›Ich hab dir zu eröffnen, daß du ab sofort die Schule zu verlassen hast.‹ Fügte noch hinzu, daß ein ›Halbjude‹ für die Schule untragbar sei. Offenbar ruinierte meine Anwesenheit den Geist der Schule. In mir stieg ohnmächtige Wut auf. ›Bleib ruhig‹, sagte ich mir. ›Was kann ich nur entgegnen?‹ Entwürdigend, das einfach so hinnehmen zu müssen. Ich wagte die Frage: ›Heißt das, ich soll jetzt sofort die Schule verlassen – oder kann ich heut morgen noch bis zur letzten Stunde bleiben?‹ – ›Das muß ich mir überlegen.‹ Die Schweigepause oder sein Nachdenken schien mir endlos. ›Du kannst noch bis 1 Uhr bleiben.‹ Er hatte offenbar seinen humanen Tag – war ja auch ein Humanistisches Gymnasium. (Er war auch schon in Karlsruhe Lehrer meiner Mutter.)

Mir geht durch den Kopf, ob ich den Mitschülern den Grund meines Ausscheidens mitteilen soll. Das fiele mir schwer, sehr schwer, und ich möchte es mir ersparen. Bei einem gravierenden Vergehen gegen die Schulordnung hätte ich mit Solidarisierung rechnen können, aber als Verfemter?

Ich sagte es in der nächsten Pause.

Alle waren ganz aufgebracht, empörten sich: ›Das gibt's doch nicht! Bleib einfach da. – Wir gehen alle zum ›Rex‹ und beschweren uns.‹ Ich hatte Mühe, sie davon abzuhalten und ihnen klarzumachen, daß es unsinnig und ganz ohne Erfolg wäre, weil die Anordnung von ›Berlin‹ käme.

In der letzten Stunde herrschte wenig Aufmerksamkeit. Und dann erlebte ich etwas, was mir in meinem ganzen Leben so nicht mehr widerfuhr. ›Wir begleiten dich!‹ Die ganze Klasse umringte mich wie ein Schutzwall. Dann traten sie alle mit mir meinen Heimweg an, das letzte Grüppchen bis zum entfernt liegenden Haus, in welchem wir wohnten. Und später luden sie mich immer wieder einmal zu Gartenfesten und Treffen ein . . .

Am 62. Geburtstag meines Vaters – heute bin ich so alt –, es war der 12. Februar 1945, wir saßen abends bei Kerzenlicht in der zerbombten Stadt – stapfen Stiefel die Treppen herauf. Das Gespräch verstummt. Harte Schläge krachen gegen die Wohnungstür. Angst füllt das ganze Zimmer. Zwei Herren von der Gestapo verlangen den Vater. Morgen in der Frühe habe er sich mit dem nötigsten Gepäck in einem Koffer an der Turnseeschule zum ›Arbeitseinsatz‹ einzufinden. Die Mutter hat den kühlen Kopf, sich die Anordnung zum Abschreiben geben zu lassen.

Jenen Abend möchte ich nicht in mein Gedächtnis zurückrufen. Morgens mußte aufgebrochen werden. ›Kommt Ihr mit?‹ fragt die Mutter. Ich kämpfe mit mir. Es würde ein Spießrutenlaufen werden und einen letzten Abschied geben vor allen Gaffern. Und kann ich nicht hier besser Abschied nehmen?

Ich war feige und blieb allein zu Hause. Es war mir niemand böse. Aber ganz elend fühlte ich mich. Wenn ich in meinem Leben etwas anders gemacht haben wollte, dann dies: in Todesbedrohung zusammenzustehen. Andere haben es gemacht.

Mein Vater hatte einige frankierte Postkarten eingesteckt. Es gelang ihm, sie unterwegs unbemerkt jemandem zuzustecken. Zuletzt, erzählte er nach seiner Rückkehr im Sommer, habe er

sie zum Zug hinausgeworfen in der Hoffnung, daß sie jemand einwerfe. So konnten wir zu Hause die Richtung des Transportes verfolgen.
Im Haus eines kleinen Ladens wohnte einer der SS-Männer, welche den Transport begleitet hatten. Einige Tage nach der Deportation bediente die Geschäftsfrau alle Kunden und überging meine wartende Mutter. Dann, als sie sicher war, daß es niemand bemerkte, flüsterte sie ihr zu: ›Mein Mann ist wieder da!‹ Nach seinem Feierabend ging meine Mutter zu ihm in die Wohnung. Er erzählte noch ganz aufgebracht von der anstrengenden Fahrt in dem ungeheizten Zug. Nur die Offiziere hatten ein warmes Abteil gehabt. Was ihn aber besonders empörte, war, daß sie als Begleitpersonal nicht einmal nach Theresienstadt hinein durften. Ihr Wagen wurde abgehängt. Und er hätte doch so gerne die Freiburger wiedergesehen, die er früher schon dorthin gebracht habe. Jetzt sei er so krank, daß er sich erst einmal für eine Woche krankschreiben lassen würde.
Mein Vater wurde nicht mehr von Theresienstadt nach Auschwitz gebracht: Auschwitz war schon in russischer Hand. Aber er erzählte später nie viel von dieser Zeit. Einiges ›Harmlose‹. Von der Wassersuppe, von der Schwächung der Menschen, von Krankheiten und Epidemien, von den Vorbereitungen, wenn ausländischer Besuch kam: Da mußte er mit den Händen das Unkraut von dem Pflaster entfernen. Die Kranken wurden vom Krankenbau auf die Speicher und Gesunde in die Betten gelegt. Sie sahen krank genug aus. Er erzählte von den schönen Konzerten, die die Insassen boten; denn es waren viele jüdische Künstler im Lager. Aber nicht jeder wollte sich das zumuten. Der Gegensatz der herrlichen Musik und der entsetzlichen Gegenwart zerreiße das Herz. Es gab insgeheim Bildungsveranstaltungen. Und er habe den

Leidensgenossen immer wieder Mut gemacht, ihnen kleine Aufmunterungen gegeben, etwas zu tun, sich nicht nur hängenzulassen, jemandem, dem es schlechter gehe, beizustehen. So ging er immer wieder auf Menschen zu.
Als einmal ein neuer Transport ankam, fiel ihm ein hochgewachsener blonder Mann auf. Er frug ihn, woher der Transport käme: ›Aus Novisad.‹ In jenem Ort war meine Tante in einer englischen Missionsstation:
›Kennen Sie vielleicht meine Schwester Amanda?‹ Wie klein die Welt war, er kannte sie, sagte: ›Unser guter Engel Amanda!‹ – Sie hat den Krieg in England überlebt und ist dann auch dort geblieben.
Von den schlimmen Dingen erzählte Vater nichts. Aber bis zu seinem Tod 1971 schreckte er immer wieder im Schlaf hoch. Wie so viele andere hat auch er die Zeit nicht unbeschädigt überlebt.
Als die Russen das Lager befreiten, mußten sie zunächst gegen Typhus und Fleckfieber ankämpfen. Es gab noch viele Opfer. Obgleich es verboten war, Theresienstadt zu verlassen, gelang es Vater, die außerhalb liegende Festung zu besichtigen und auch nach Leitmeritz zu gelangen, wo er in früheren Jahren Urlaub gemacht hatte.
Als er dann eines Abends heimkam – ein glücklicher Tag –, war ich sehr erschrocken: ein kleines zusammengefallenes Männlein, auf das ich hinabsehen mußte; gegangen war er als stattlicher aufrechter Mann. Aber sein Wille, auf die Beine zu kommen, war ungebrochen. Und wenn auch die Zeit nach dem Krieg besonders in der französischen Zone entbehrungsreich war, so kam er doch langsam wieder zu Kräften. Ich bin dankbar, einen solchen Vater zu haben. Und so lebt er in mir weiter.«

* * *

An anderer Stelle habe ich schon einmal gefragt: Wie konnten Pädagogen, die hilflose junge Menschen auch noch schikanierten, leben? Als eine Hamburger Freundin – aufgrund des Erlasses – von ihrem Direktor die Nachricht bekam, sie dürfe die Schule nicht mehr besuchen, hatte er Tränen in den Augen ... Ich habe erwähnt, daß Helmuts Schwester Margrit von den unerschrockenen Ursulinerinnen aufgenommen worden war, und es gehört zu den freundlichen Zufällen, daß sich in diesem Zusammenhang ein Kreis schließt: Im Jahr 1939 hat der Prager Komponist Hans Krasa – zusammen mit dem Textdichter Adolf Hoffmeister – eine kleine Oper geschrieben: *Brundibár.* Er wurde nach Theresienstadt deportiert und dort wurde sie fünfundfünfzigmal aufgeführt, von Kindern. Denn für Kinder war sie geschrieben worden, gegen die ungerechte Macht der Starken. In H. G. Adlers Buch* habe ich im Kapitel »Kulturelles Leben« dankbar den Hinweis gefunden auf die Arbeit des Chorleiters R. Freudenfeld; man werde ihm seine Arbeit an *Brundibár* und »seine liebevolle Beschäftigung mit den Theresienstädter Kindern überhaupt« nicht vergessen. In den achtziger Jahren entdeckte die Lioba-Schwester Sr. Maria Veronika Grüters diese Oper. Sie war Musiklehrerin am Gymnasium St. Ursula, und sie hat die Oper musikalisch eingerichtet. Schülerinnen führten diese Oper auf, und sie spielten sie auch in Israel; sie sind dort Menschen begegnet, die überlebt und damals mitgespielt hatten. Von ihnen erfuhren diese jungen Deutschen, welche ungeheure Bedeutung *Brundibár* während des schrecklichen Lagerlebens für die Kinder erlangt hatte; welche Zuversicht sie schöpften aus der Botschaft: Gemeinsam sei man stark und nicht unterzukriegen. Denn *Brundibár* war ein böser Mensch, der kein Mitleid

* H. G. Adler: Theresienstadt 1941–1945. Das Antlitz einer Zwangsgemeinschaft. J. C. B. Mohr (Paul Siebeck), Tübingen 1960

kannte mit den Armen, der aber von Kindern, die zusammenhielten, besiegt wurde: »Besiegt ist Brundibár / Er schämt sich, der Barbar.«
Nein, er wurde damals nicht besiegt. Von den 15000 Kindern, die von Theresienstadt nach Auschwitz kamen, haben nur wenige hundert überlebt.

* * *

Als ich *Brundibár* im Mai 1990 von der Sing- und Spielgruppe St. Ursula hörte, war ein berühmter Gast aus Tel Aviv gekommen, die Schriftstellerin Ruth Elias. Sie erzählte von damals, und sie sang für uns – in tschechisch, hebräisch und deutsch – die »Theresienstadt-Hymne«: Auch das war trotz allem ein Lied der Zuversicht, und ihre Ziehharmonika klang heiter.
Vermutlich hat auch mein Vater dort das Spiel gesehen, und vielleicht hat auch er die Hymne der Zuversicht mitgesungen.

* * *

Nach Ostern bin ich mit Helmut nach Theresienstadt gefahren. Käthe Starke hat in ihrem Buch *Der Führer schenkt den Juden eine Stadt* auch das Wiedersehen mit diesem Lager, jetzt Terezin, geschildert. Sie ist 1964 wieder dorthin gefahren und schreibt: »Jetzt werde ich eine Nacht in Theresienstadt schlafen, eine Nacht in der ›verbotenen Stadt‹.«
Helmut und ich hatten vorher ausgemacht: Schlafen oder essen dort – nein! Wir wohnten in Prag.
Etwa sechzig Kilometer mußten wir nach Norden fahren, bis wir die Festungswälle der Garnisonstadt erreichten, die Joseph II. in der zweiten Hälfte des 18. Jahrhunderts hier gegründet hatte, zwischen Elbe und Eger. Eine kleine öde Stadt.
Wir hatten einen Plan dabei, denn wir suchten zunächst die Adresse, die der Vater auf der wortarmen, vorgedruckten

Postkarte angegeben hatte: Lange Straße 185/186. Die Straßen haben heute tschechische Namen, aber bis zur Einrichtung des Ghettos hat es ohnehin nur die Bezeichnungen der Planquadrate gegeben und für jedes Gebäude – sehr oft düstere Kasernen – eine Nummer. Die Lange Straße und die Wallstraße begrenzten die kleine sternförmige Festungsanlage, man konnte sich leicht orientieren. Da war der »Brunnenpark« vor dem »Parkhotel«, früher als »Hotel Viktoria« das Standquartier der Lager-SS.
Unglücklich stellte ich fest, daß es in der Langen Straße so hohe Hausnummern gar nicht gab.
Helmut war ein fabelhafter Spurensucher.
»Es kann keine Hausnummer zweimal geben«, sagte er, der mit Planquadraten Bescheid wußte. Und so fuhren wir alle kleinen Querstraßen ab, bis er die beiden Hausnummern entdeckte: erhaben, links und rechts von einem Fenster plaziert, waren sie in die Hausfassade eingearbeitet. Also gab es keine Zweifel. Helmut stieg aus und fotografierte.
»Für deinen Bruder«, sagte er.
Ich fühlte mich, seitdem wir auf Theresienstädter Boden waren, wie gelähmt. Und so fiel es mir ziemlich spät ein, ebenfalls auszusteigen. Ich ging durch die offene Haustür. Hier war wohl ein Warenlager, denn ich konnte in kleine, kartongefüllte Räume blicken. Ich sah eine Tür, die zu einer Treppe zu führen schien, und ich war froh, daß diese Tür abgeschlossen war. Sonst hätte ich wohl hinaufgehen müssen – und wollte doch nicht.
Wir fuhren weiter durch die öden Straßen. Nirgends ein Zeichen, das in *die* Vergangenheit wies. Nur einmal, an einer Ecke, neben einem Empiremotiv, das friedliche steinerne Damen an einem girlandenverzierten Erker stützten, ein verblichenes Zeichen: *Block C* 4 . . .

Wir hielten an der Stelle, wo, nach Frau Starkes Buch, die Essensausgabe gewesen sein muß; Helmuts Vater hatte ihm von diesen trostlosen Stunden erzählt. Die Biografin hat die Listen der Zuteilungen seit 1943 abgedruckt; Hungerrationen von oft Ungenießbarem. Wassersuppen.

»Helmut«, sagte ich, »weißt du, daß in *Brundibár* auch ein Bäcker vorkommt? Er ruft: »Frische Wecken, knusprige Brezel, Brötchen, bestreut mit Mohn, Schwarzbrot für den Vater, Rosinenbrot für den Sohn. Hauchdünne Waffeln, Gebäck nach feinster Art, alles grad aus dem Ofen. Na klar, bei meinem Bart und ohne Flunkerei: Kein einziger Brotlaib von gestern ist dabei!«

Mein Gott – wie haben diese halb verhungerten Kinder das nur geschafft . . .!

Frau Starkes Abschiedsworte der Reisenotizen aus dem Jahr 1964: »Diese kleine Stadt ist ihrer Bestimmung entfremdet. Sie hat nicht zu einem normalen Leben zurückgefunden und keine gewachsene Bevölkerung mehr. Der Hauch der Verfemung liegt über ihr.« Wissen die, die heute dort leben, was gewesen ist? Wir waren Gäste der Israelitischen Gemeinde Prag gewesen; dort hatte man uns gesagt, daß jetzt, nach der Wende, endlich ein Mahnmal entstehen würde.

* * *

Die alte »Kleine Festung« vor der Stadt war schon als Gefängnis erbaut worden. Durch diese von mächtigen Mauern umgebene Gedenkstätte für einen Ort der Qualen – in dem die Nazis vornehmlich osteuropäische Gefangene interniert und kaum je haben überleben lassen – führten zwei junge Frauen. Mit einer von ihnen, Jana, habe ich nach dem Rundgang noch ein wenig zusammengesessen, während Helmut fotografierte.

Die Sonne schien.
Ich erzählte Jana, warum ich hier sei und daß ich die Sonne eigentlich hier nicht ertragen wollte, und ich gab ihr mein Buch, in dem ich auch von Theresienstadt erzählt hatte. Ich sagte ihr, wie sehr ich bewunderte, daß sie und ihre Kollegin täglich etwa siebenhundert Besuchern die Geschichte dieses düsteren Lagers nahebringen; denn auch sie mußten ja mit den Bildern leben, die mit den Erinnerungen aufsteigen aus den Mauern der Festung, den engen Zellen mit den angeschmiedeten Ketten, dem Krematorium, aus den Gräberfeldern.
Wenige Wochen später bekam ich einen Brief von Jana. Sie hatte inzwischen mein Buch gelesen, und sie schrieb über den Besuch eines Lehrers aus Holland, der mit seinen Schülern gekommen war und sich vorgenommen hatte, für junge Menschen über diesen Ort zu schreiben. »Er wird Ihr Buch kaufen und sich mit Ihnen in Verbindung setzen«, schrieb sie. »Dieser Teil der Geschichte ist sehr schlimm, aber es ist wichtig, darüber zu sprechen.«
Wir haben sie eingeladen, und ich wünsche mir, ihr unser freundliches Markgräflerland zeigen zu dürfen.

* * *

Auf der Autofahrt von Terezin nach Berlin – über das zerklüftete Elbsandsteingebirge, dessen zerstörte Bäume zum eben Erlebten auf makaberste Weise paßten – wurde ich die Vorstellung nicht los, daß der Vater diesen Weg, im verschlossenen Waggon und in umgekehrter Richtung, hatte ertragen müssen.
Ich wußte aus Schilderungen, daß die Nazis in den Ghettos des Ostens alle Bäume hatten fällen lassen.
»In Theresienstadt«, sagte ich zu Helmut, »gibt es kleine Grünflächen. Im Stadtpark, im Brunnenpark. Und es gibt einen

schönen hohen Kastanienbaum. Er muß doch vor fünfzig Jahren auch schon dort gestanden haben?«
Helmut fragte behutsam: »Hat dir diese Reise des Erinnerns helfen können?«
Ich habe ihm erst einige Tage später geantwortet:
»Heilen konnte sie nichts. Heilsam war sie dennoch.«

* * *

Die Kinder, die heute *Brundibár* aufführen, die auf der Bühne tanzen, weinen, lachen, singen und träumen, haben die Geschichte ihrer kleinen, armen Vorgänger kennengelernt.
Daß es oft Kinder und Jugendliche waren, die ihre Eltern und Großeltern gefragt haben, sie zum Reden brachten, daß es oft Schüler sind, die die Geschichte der Juden ihrer Heimatorte erkunden, auf Spurensuche gehen und Widerstände der Älteren überwinden, das ist ermutigend.

DATEN

zu wichtigen persönlichen Ereignissen zwischen 1945 und 1984

Über die Jahre von 1921 bis 1945 berichtet mein Buch *Als unsichtbare Mauern wuchsen*, das 1984 erschien. Was in den Jahren seit 1984 geschah, davon erzählt der vorliegende Band.

1947 Beginn der Krankheit (Phobie)
1948 Heirat. Von Staufen nach Niederweiler. Beginn der literarischen Arbeiten
1954 Umzug nach Freiburg
1962 Meine Tochter Barbara geht nach Beendigung der Schule an die Kunstakademie Stuttgart und Berlin und heiratet 1963 in Berlin
1964 Geburt des Enkels Matthias
1965 Geburt des Enkels Florian
1975 stirbt Hanns Studniczka 84jährig in Freiburg
1977 stirbt Tochter Barbara an einer Gehirnblutung in Berlin
1979 stirbt Edith v. Sillich in Staufen/Breisgau
1982 Beginn der Arbeit an dem Buch *Als unsichtbare Mauern wuchsen*
1984 erscheint das Buch